交通运输与物流管理

王翠敏　著

吉林科学技术出版社

图书在版编目（CIP）数据

交通运输与物流管理 / 王翠敏著． -- 长春 ：吉林
科学技术出版社，2019.12
ISBN 978-7-5578-6549-8

Ⅰ．①交… Ⅱ．①王… Ⅲ．①交通运输管理－研究－
中国②物流管理－研究－中国 Ⅳ．① F512.1 ② F259.22

中国版本图书馆 CIP 数据核字（2019）第 285964 号

交通运输与物流管理 JIAOTONG YUNSHU YU WULIU GUANLI

著　　者	王翠敏	
出 版 人	李　梁	
责任编辑	朱　萌	
封面设计	刘　华	
制　　版	王　朋	
开　　本	185mm×260mm	
字　　数	170 千字	
印　　张	7.75	
版　　次	2019 年 12 月第 1 版	
印　　次	2019 年 12 月第 1 次印刷	
出　　版	吉林科学技术出版社	
发　　行	吉林科学技术出版社	
地　　址	长春市福祉大路 5788 号出版集团 A 座	
邮　　编	130118	

发行部电话 / 传真　0431—81629529　　81629530　　81629531
　　　　　　　　　　　81629532　　81629533　　81629534

储运部电话　0431—86059116

编辑部电话　0431—81629517

网　　址	www.jlstp.net
印　　刷	北京宝莲鸿图科技有限公司
书　　号	ISBN 978-7-5578-6549-8
定　　价	50.00 元

前　言

交通运输系统是国民经济的重要生产系统，同时又是国民经济发展的先决条件。在全球经济一体化、世界贸易自由化的趋势下，全球范围的国际物流系统正在形成。因而交通运输如何适应这一发展的需要，加速向现代化物流的拓展，确定在现代化物流体系中的地位和作用，成为交通运输业自身可持续发展面临的重大现实问题。

交通运输业向现代物流拓展显然具有一系列的优势，但是同时也存在一些问题。首先，社会上对现代物流认识还不够深入。无论是交通运输业主管部门，还是各类交通企业，主要决策人员及企业管理者在相当大程度上对市场经济缺乏更深刻的理解，思维观念未能完全摆脱个体的束缚，对现代物流理念、基础理论、基本知识、发展现代物流的意义和作用还认识不足，对交通运输业的发展前景缺乏前瞻性、使命感和危机感，习惯于墨守传统业务领域，妨碍向现代物流服务领域拓展。其次，对于如何充分利用经济持续快速发展、中国即将加入 WTO 及实施西部大开发战略的有利机遇，加快向现代物流业的融入和拓展，缺乏系统深入的研究和着眼于长远战略目标及辅以分阶段实施措施的整体规划，因而相应的实践工作缺乏有力的依据和指导。再者，我国的现代物流还处于发展初期，交通运输企业所能提供的综合物流服务功能尚不健全，物流服务效率和质量总体水平仍偏低。除技术装备水平及管理手段不适应现代物流发展要求，需要人力更新提高外，在组织化程度、经营规模、运行机制，尤其是多种运输方式间的衔接配合等方面，都存在差距。同时，交通运输业拓展现代物流也十分缺乏具有较高素质和能力的现代物流策划人员、经营管理人员及专业技术人才。

本书从我国交通道路的建设情况以及物流运输业的发展情况出发，主要研究了道路交通物流运输的概念、管理方法以及现代交通运输与物流管理。同时，通过对交通道路建设与物流运输的关系论证，使读者深入了解城市交通道路建设对于物流运输发展的重要作用，以提高我国物流运输行业的发展水平。

目　录

第一章　现代交通运输与物流管理概述

第一节　现代物流管理对交通运输的影响

　　交通运输的重要地位在国民经济生产系统当中是不可动摇的，而且其是国民经济得以快速发展的一个先决条件。当前，世界贸易自由化和全球经济一体化的趋势越来越明显，而且也随之逐渐形成国际物流系统，相应的现代物流管理必然会越来越成熟，这势必会在一定程度上影响交通运输的发展。

一、现代物流管理对交通运输的影响

（一）促进交通运输系统的完善

　　电子商务的发展使物流有两种不同的活动实现形式产生：第一，配送商品或者服务直接以网络传输的方式，比如各类具有较高价值的信息软件、信息咨询服务以及电子出版物等；第二，配送商品或服务是以传统物理的方式。因此，对准确而及时的物流信息系统和高效的物资配送系统建立，在一定程度上能够促进交通运输系统的完善，更对现代化交通运输系统的建立较为有利，从而使运输工具的自动化和机械化更好地实现，当然，这同时也是使物流成本降低，提高物流系统效率，实现物流网络化、数字化和全球化的重要环节。

（二）保证交通运输系统的正常运行

　　实现现代物流能够进一步促进交通系统的完善，而实现现代化交通运输也能够在一定程度上使企业的库存结构得以优化，从而使资金的占用减少，降低成本，并且还能够使生产的周期缩短，以使更加高效地进行现代化的生产。而从消费上来看，无论是生产性的消费，还是生活性的消费；不管是政府的消费，还是个人的消费，始终都离不开物流，也正是因为方方面面都存在物流，所以交通运输系统的运行也是能够得到保障的。

（三）提高交通运输业的经济效益

　　对运输系统的合理配置能够使物流的总成本有效地降低。通常情况下，当社会的各个生产条件变化不发生时，物流的合理化程度越高，其周转的速度就会越快，就越对社会生

产经济效益的提升有利。所以，对物流的管理加强，在一定程度上能够使物流的合理化程度提高，而且商品或服务的周转速度就会越快，交通运输也会随之而不断发展，其所能够产生更高的经济效益。

二、提高现代物流管理对交通运输影响力的措施

（一）物流成本适当降低

第一，要使高速公路收费标准适当降低。因为当前我国高速公路的收费利润率普遍偏高，在未来，很有必要对其进行合理化的调整。并且，交通运输部中已有不少相关人士表态，自进行高速公路收费大清理以来，交通运输部就已经开始在对高速公路收费利润率过高这一问题着手进行处理了，希望能够从根本上通过修改和完善相关法律法规来解决这一问题，也就是说，当某一收费公路所获得的利润超过了合理的回报时，国家有权要求降低该公路的费率。并且，还要对那些涉农或者是超期的收费坚决清理，一定不能为了地方利益而使物流业和交通运输业的健康发展受到损害。另一方面，还需要使物流业的税负着力降低。尽管我国某些地区为了使物流业税负减轻而做了营业税改增值税的尝试，但是效果却不甚理想。尝试这一办法反而大幅度增加很多大型的运输型物流企业的税负，造成这一现象的原因主要有两个：一个是货物运输业务相对偏高的增值税税率；另一个则是相对偏少的可抵扣进项税额。有人建议剥离出交通运输服务中的货物运输服务，纳入物流辅助服务中，并对一些增值税进项抵扣的项目适当地增加，以便在一定程度上能够使税负增加的这一问题解决。

（二）注重科技创新，提高信息化水平

目前，我们要对现代管理技术、金融工具和信息技术充分地利用，从而来使交通运输业被改造，以使其现代化和智能化水平提升。要对当前交通运输业在发展过程中所表现出来的共性及其所使用的关键技术紧紧围绕，从而不断地进行创新，对更多的先进技术手段引进，进行消化和吸收，实现再创新，以此来使交通运输服务的效率和质量提升，进一步推进交通运输业的信息化建设步伐。同时，还需要积极地推进互联互通，实现信息共享，加强业务协同，使电子商务与交通运输电子政务的融合应用不断地深化，以此来使物流公共信息服务平台的建设加快，从而使现代物流与交通运输的融合发展更好地实现。

（三）对物流管理人才的管理加强

任何一个行业或企业想要使长远发展实现都是离不开人的，可以说，其成长和发展的核心竞争力所在就是人力资源。加之物流企业又是一个多功能的合成系统，各种物流增值服务需求必然会越来越多样化，这就对物流工作人员提出的要求更高，除了要对专业的物流知识掌握之外，也要有所涉猎贸易、保险以及报关等领域的知识。我国相当缺乏的就是

物流管理人才，这也是我国整体物流管理水平一直得不到提升的重要原因，不管是在物流管理理念，还是应用的技术手段上，与国外的物流企业都无法相抗衡。因此，当务之急就是要对物流管理人才的管理加强，培训现有的物流管理人才。一方面，要标准化和规范化相应的服务流程与相关准则；另一方面，要对其的新知识培训加强，以使其在国际贸易、水手、财务、管理和计算机信息化等方面知识的不足得到弥补。

现代物流管理对交通运输有着显而易见的重要性，而就目前看来，我国在现代物流管理和交通运输中还有不少问题存在着，正是存在的这些问题，在一定程度上使现代物流管理对交通运输影响力的发挥受到影响，即使交通运输业的发展受到阻碍，也对物流业自身的发展壮大较为不利。因此，需要对降低物流成本、加快科技创新以及加强对物流人才的管理等采取积极措施，从而来使这些问题得以解决，进而更好地促进物流业和交通运输业的融合发展。

第二节　道路交通建设与物流运输的关系

目前，我国大部分城市已经建立了相对完善的道路交通网络，并提升了物流网络的设施建设。我国物流业起步比较晚，相比发达的国家还有很大的差距，技术方法上也比较落后，而且我国还没有形成道路交通会直接影响着物流运输的意识，在交通建设上还没有更加完善的管理体系，这也延缓了物流业的发展。但是现阶段，我国已经逐渐意识到交通建设的重要性，加快了物流业的快速发展。

一、道路交通建设和物流运输发展之间的关系

城市的物流中心建设是现代化物流系统建设的重要一项，并且是长期的系统工程，它与城市经济的发展、土地规划建设以及道路交通建设都是紧密联系在一起的。我国已经处在物流系统的环境中，并且和道路交通相互融合发展，道路交通的规范化建设为物流的运输提供了完整的运输系统。一个城市要想规划一个完善的物流中心，首先要考虑的就是道路交通情况，并根据实际的交通状况和城市的发展现状去构建。物流中心的货物运输是要通过道路交通来完成的，从货物的出发、中转到联运都和道路交通息息相关，在物流运输方面，我国又提出了新的发展要求，要加快道路的建设，以提高货物的运输速度，从而使物流运输更加安全，这样能保证物流运输的质量，有效降低货物的差损情况。同时，还要保证运输枢纽部门所指定的运输方案能满足物流运输的需求，这样也能保证物流运输的质量有所提升。

二、道路交通建设和物流运输发展的现状和分析

（一）国家支持

近些年我国一直饱受经济危机带来的影响，为了稳定经济增长的速度，扩大国民的消费市场，国家采取了各种补救措施。其中发展道路交通的建设是最重要的一项，这使我国的道路交通得到快速发展，道路交通的网络也逐渐完善，使道路交通成为国家或者城市中重要的发展项目，并承担了多个行业的运输网络建设，包括物流业在内，为其提供了高效安全的运输通道。我国道路交通的结构在建设过程中进行了调整，完成了与政策和企业兼并的重组，更加推动了道路建设的进程，在这一过程中，物流行业的运输能力从中受益最大，并实现了物流运输网络化的经营模式，运输能力也大大提高，向着主流行业的发展和市场格局发展目标进军。

（二）有效供给明显不足

我国目前的道路交通的建设情况还应该有待加强，尽管大面积上看发展的都很好，但一些偏远的城市和乡镇在道路交通上的建设还是有所缓慢，这完全不能满足物流运输的发展需求，尤其是道路的建设一直落后于物流中心的建设。很多道路交通在建设的时候没有进行科学规划，也没有考虑到城市发展的前景，不能满足高效的运输效率需求，特别是城乡交通的一体化进程更是缓慢，连接城市和乡村的道路交通没有完善的建设体制。

（三）缺乏市场主体规范性

我国道路交通在发展的过程中，有的车辆一直存在超载超限运输，这对道路交通影响非常大，而且这种现象至今也没有得到很好的处理，使物流运输业受到间接的影响。还有的道路交通没有设置合理的管制岗位，或者工作人员没有认真负责的态度，使道路交通秩序处于混乱的现象，这些现象都对道路交通的发展带来影响。

从我国目前的道路交通建设的情况来看，总体的运输能力和功能还是不能满足现代化城市的物流运输需求。所以，扩大道路交通的建设依然是我国首要的建设任务，这也是解决物流运输需求量的主要办法。道路交通的建设是城乡发展的基础，但是道路建设需要占用很多的土地资源，尽管我国土地资源丰富，但还是会面临比较大的资源制约压力，这对道路交通的建设带来了挑战，以往的大规模扩张建设已经不再适用，要采用科学的交通结构模式去建设，这样才能建设出结构化、网络化、集约化的交通道路，以此来促进物流运输的发展。

三、道路交通建设在物流运输发展中的作用

（一）降低物流运输成本

我国的物流业成本比重大，占整体 GDP 的 18.7%，相比那些发达的国家整整高出一倍左右，从这点我们能看出来，物流业是我国经济发展的重要因素。由于物流成本相对较高，这也成为经济发展的阻碍对象，而提高道路交通的建设能力，能有效较低物流运输的成本，推动物流运输的能力，也带动社会经济的增长。

（二）对沿线城市物流园区建设起促进作用

道路交通网为城市间的往来带来了方便，加强了地区之间的联系，使区域优势得到加强，在招商引资上更具有吸引力，改善了投资环境。利用高速公路的交通优势，可以加强各类物流园区建设，促进商品流通。

（三）对农业的生产起促进作用

高速公路缩短了农产品的运输时间，保证了农用物资的及时调入，加快了农业信息的交流，有助于农业生产结构的调整和优化，有助于农业的规模经营和集约化生产，有力地推动了农产品的商品化和农业的现代化经营。例如，众所周知，乳品工业是食品工业的重要行业之一。一切经营活动都离不开交通运输。奶源等进厂，产品和废物出场，都需要运输；而在运输工具中，公路运输运载量较小，运费较高，但具有灵活性，能实现门到门运输。因此，完达山乳业云山分公司就选择公路作为主要运输方式。完达山乳业云山分公司所处位置有着便利的公路运输，便于奶源的及时运入以及成品奶粉的输出。

第三节　物流与物流管理

一、物流的概念与起源

物流的概念是随着交易对象和环境变化而发展的，因此需要从历史的角度来考察。物流在英语中最初为"Physical Distribution（传统意义上的物流）"在美国早在第一次世界大战后的 20 年代，学者克拉克就已运用 Physical Distribution 这一概念作为企业生产经营的一个要素加以研究。到第二次世界大战期间，美国陆军中开始使用"Logistics Management（现代物流管理）"来代替物流概念，战后其理论、方法也为企业和理论界认同，并广泛得到运用，他们将之称为商业物流或销售物流（Business Logistics），以力求合理有效地组织商品的供应、保管、运输、配送，而且实践证明取得了相当大的成效。物流在

概念上随着时间推移有一定的变化。最初的物流概念主要侧重于商品物质移动的各种机能，即发生在商品流通领域中的在一定劳动组织条件下凭借载体从供应方向需求方的商品实体定向移动。显然这种物流是一种商业物流或销售物流，它作为一种狭义的物流具有明显的"中介性"，是连接生产与消费的手段，直接受商品交换活动的影响和制约，具有一定的时间性，只有存在商品交换时才会出现，不会永恒存在。但是 20 世纪 80 年代以后，随着社会经济的高速发展，物流所面临的环境有了很大变化，这表现为以下几方面。

（1）经济法规的缓和使经济自由空间越来越大，真正意义上的物流竞争广泛展开，从而为物流的进一步发展提供了新的更大的道路交通物流运输管理机会。

（2）信息技术的急速发展和革新，不仅使业务的效率化和作为决策支持的信息系统的构筑成为可能，同时也使部门间、企业间的结合或一体化成为可能。

（3）企业合并和市场集中化的发展使原来的经济构造发生了变化，这种变化要求物流必须具备以最低的成本提供较高的顾客服务能力。

（4）经济全球化的发展，随着商品向世界市场的提供，物流逐步跨越了国境，正因为如此，在要求物流能对生产和销售给予有效支援的同时，应该具备在不同环境国家间充分发挥其业务优势的能力。

在这种背景下，原来狭义的物流概念受到了前所未有的挑战和批判，一是传统的狭义物流观念只重视商品的供应过程，而忽视了与生产有关的原材料和零部件的调运物流，而后者在增强企业竞争力方面处于很重要的地位，因为原材料以及零部件的调运直接关系到生产的效率、成本和创新；二是传统的物流是一种单向的物质流通过程，即商品从生产者手中转移到消费者手中，而没有考虑商品消费之后包装物和包装材料等废弃物品的回收以及退货所产生的物流活动；三是传统物流只是生产销售活动的附属行为，并主要着重在物质商品的传递，从而忽视物流对生产和销售在战略上的能动作用。特别是在以 JIT（Just in Time）生产管理体系内，以时间为中心的竞争日益重要，物流行为直接决定了生产决策。

与上述环境的变化和对传统物流的批判相对应，1984 年美国物流管理协会正式将物流这个概念从"Physical Distribution"改为"Logistics"，并将现代物流定义为"为了符合顾客的需求，将原材料、半成品、完成品以及相关的信息从发生地向消费地流动的过程，以及为使保管能有效、低成本地进行而从事的计划、实施和控制行为"。这个定义的特征是强调顾客满意度、物流活动的效率性，以及将物流从原来的销售物流扩展了调运、企业内和销售物流。此后物流的概念又得到不断的发展，1991 年 11 月荷兰乌德勒支市举办了第九届物流国际会议。在这次会议上，人们对物流的内涵进行了更多的拓展，不仅接受了欧美的现代物流概念，认为物流应包括生产前和生产过程中的物质、信息流动过程，而且还向生产之后的市场营销活动、售后服务、市场组织等领域发展。如有些报告中指出，"什么是物流？这个概念的现代含义如此之新，以致在辞典中尚没有明确的定义，现代物流应该是指企业生产和经营的整个过程，所有实物、信息的流通和相关的服务活动，它涉及企业经营的每一个领域"。显然，物流要领的扩展使物流不仅包括了与销售预测、生产计划的决策、在库管理、顾客订货的处理等相关的生产物流，还延伸到了与顾客满意相关的各种营销物流活动。最近，美国物流管理协会又扩展了原有的物流领域，将之修正为"物流是指为了符合顾客的必要条件，所发生的从生产地到销售地的物质、服务以及信息的流动过程，以及为使保管能有效、低成本地进行而从事的计划、实施和控制行为"。对物质和服务的修正业已表明物流活动是从商品使用、废弃到回收整个循环过程。

综上所述，现代物流的目的是提高企业的收益（销售额的提高和利益的扩大），也即通过经营重要资源的时间（快速送达）物流质量（优良的运送、无差错运送）备货（所需要的商品和数量）信息（在库、断货信息、运送中信息、送达信息）等物流服务品质的提高，从原材料的调运开始到商品的生产以及最终顾客的让渡整个过程的物流成本的降低，来实现企业的高收益。基于此，我们认为所谓现代物流是为了实现顾客满意，连接供给主体和需求主体，克服空间和时间阻碍的有效、快速的商品、服务流动经济活动过程。

二、物流活动的构成要素

（一）输送

输送是使物品发生场所、空间移动的物流活动。输送系统是道路交通物流运输管理由包括车站、码头的运输节点、运输途径、交通机关等在内的硬件要素，以及交通控制和营运等软件要素组成的有机整体，通过这个有机整体发挥综合效应。具体来看，输送体系中运输主要指长距离两地点间的商品和服务移动，而短距离少量的输送常常称为配送。

（二）保管

保管具有商品储藏管理的意思，它有时间调整和价格调整的机能，保管通过调整供给与需求之间的阻隔促使经济活动安定地开展。相对于以前强调商品价值维持或储藏目的的长期保管，如今的保管更注意为了配合销售政策上的流通目的而从事短期的保管，保管的主要设施是仓库。在基于商品出入库的信息基础上进行在库管理。

（三）流通加工

流通加工是在流通阶段所进行的为保存而进行的加工或者同一机能形态转换而进行的加工。具体包括切割、细分化、钻孔、弯曲、组装等轻微的生产活动。除此之外，还包括单位化、价格贴付、标签贴付、备货、商品检验等为使流通顺利进行而从事的辅助作业。如今，流通加工作为提高商品附加值、促进商品差别化的重要手段之一，其重要性越来越增强。

（四）包装

包装是在商品输送或保管过程中，为保证商品的价值和形态而从事的物流活动。从机能上看，包装可以分为保持商品的品质而进行的工业包装，为使商品能顺利抵达消费者手中、提高商品价值、传递信息等以促进销售为目的的商业包装2类。

（五）装卸

装卸是跨越交通机关和物流设施而进行的，发生在输送、保管包装前后的商品取放活动，它包括商品放入，卸出、分拣、备货等作业行为，装卸合理化的主要手段是集装箱货盘。

（六）配送功能

配送是物流的一种特殊的、综合的活动形式。配送是面向城区区域内、短距离、多频率的商品送达服务，它几乎包括了物流的所有职能，是物流的一个缩影或在某一范围内物流全部活动的体现。一般来讲，配送是集包装、装卸搬运、保管、运输于一体，并通过这些活动完成将物品送达的目的。

（七）信息

通过收集与物流活动相关的信息，使得物流活动能有效、顺利地进行。最近，随着电子计算机和信息通信技术的发展，物流信息出现集成化、系统化的发展，目前订货，在库管理、所需品出货、商品进入、输送、备货5个要素的业务流已实现了一体化。信息包括与商品数量、质量、作业管理相关的物流信息，以及与订货、发货和货款支付相关的商流信息。

三、物流系统与物流管理现代化

（一）现货物流系统与物流系统化管理

物流作为一个经济行为系统，它通过广泛的信息支持，实现了以信息为基础的物流系统化，因而物流系统的机能可以划分为作业子系统和信息子系统。前者包括输送、装卸、保管、流通加工、包装等机能，以力求省力和效率化；后者包括订/发货、在库管理、出货管理等机能。力求完成商品流动全过程的信息流动。这两大子系统的机能互联，成为一个有机的整体，通过六大要素的相互结合，利用必要的资源，开展物流服务，促进商流有效、合理地展开。

物流系统的内在特征表现为：在目的上表现在实现物流的效率化和效果化，以较低的成本和优良的顾客服务完成商品实体从供应地到消费地的运动。在原则上具体表现为7R，即适合的质量（right quality）、适合的数量（right quantity）、适合的时间（right time）、适合的地点（right place）、优良的印象（right impression）、适合的价格（right price）和适合的商品（right commodity）。在要素及其动作上，通过上述的作业子系统和信息子系统的有机联系和相互作用，来实现物流系统的目的。很显然，要实现物流系统的有效运转，并达到目标，需要物流的系统化管理。所谓物流系统化管理，是指为了实现既定的物流系统目标，提高向消费者和用户供应商品的效率，而对物流系统进行计划、组织、指挥、监督和调节的活动。

（二）现代物流管理的特征

现代物流的一个重要变革，是将物流活动从被动、从属的职能活动上升到企业经营战略的一个重要组成部分，因而要求对物流活动作为一个系统整体加以管理和运行。现代物流管理的特征表现为以下几方面。

1. 现代物流管理以实现顾客满意为第一目标

现代物流是基于企业经营战略基础上从顾客服务目标的设定开始，进而追求顾客服务的差别化战略，在现代物流中，顾客服务的设定优先于其他各项活动，并且为了使物流顾客服务能有效地展开，在物流体系的基本建设上，要求物流中心、信息系统、作业系统和组织构成等条件的具备与完善。具体来讲，物流系统必须做到以下几方面。

（1）物流中心网络的优化即要求工厂、仓库、商品集中配送、加工等中心的建设（规模、地理位置）等既要符合分散化原则，又要符合集约化的原则，从而使物流活动能有利于顾客服务的全面展开。·

（2）物流主体的合理化从生产阶段到消费阶段的物流活动主体，常常有单个主体和多个主体之分，另外也存在着自己承担物流和委托物流等形式的区分，物流主体的选择直接影响到物流活动的效果或实现顾客服务的程度。

（3）物流信息系统的高度化即能及时，有效地反映物流信息和顾客对物流的期望。

（4）物流作业的效率化即在配送、装卸、加工等过程中应当运用什么方法、手段使企业能最有效地实现商品价值。

2. 现代物流着重的是整个流通渠道的商品运动

以往我们认为物流是从生产阶段到消费阶段商品的物质运动，也就是说，物流管理的主要对象是"销售物流"和"企业内物流"。而现代物流管理的范围不仅包括销售物流和企业内物流，还包括调运物流，退货物流及废弃品物流。其中，销售物流概念也有新的延伸，即不仅是单阶段的销售物流（如厂商到批发商、批发商到零售商、零售商到消费者的相对独立的物流活动），而且是一种整体的销售物流活动，也就是将销售渠道的各个参与者（厂商、批发商、零售商和消费者）结合起来，来保证销售物流行为的合理化。

3. 现代物流管理以企业整体最优为目的

当今商品市场的革新与变化，如商品生产周期的缩短、顾客要求高效经济的输送、商品流通地域的扩大等等发展趋势。因此，在这种状况下，如果企业物流仅仅追求部分最优或部门最优，将无法在日益强烈的竞争中取胜。从原材料的调运计划到向最终消费者移动的物的运动等各种活动，不光是部分和部门的活动，而是将各部分和部门有效结合发挥综合效益。也就是说，现代物流所追求的费用、效益观，是针对调运、生产、销售、物流等全体最优而言的。

4. 现代物流管理既重视效率更重视效果

现代物流管理具体在哪些行为方面有所变化呢？首先在物流手段上，从原来重视物流的机械、机器等硬件要素转向重视信息等软件要素。在物流活动领域方面，从以前以输送、保管为主的活动转向物流部门的全体。从管理方面来看，现代物流从原来的作业层次转向管理层次，进而向经营层次发展。另外，在物流需求的对应方面，原来强调的道路交通物流运输管理是输送力的确保，降低成本等企业内需求的对应，现代物流则强调物流服务水准的提高等市场需求的对应，进而更进一步地发展到重视环境、公害、交通、能源等社会需求的对应。以上论述表明，传统物流以提高效率、降低成本为重点，而现代物流不仅重视效率方面的因素，更强调的是整个流通过程的物流效果。

5. 现代物流是一种以信息为中心的商品供应体系

现代物流认为物流活动不是单个生产、销售部门或企业的事，而是包括供应商、批发商、零售商等有关联企业在内的整个统一体的共同活动，因而现代物流通过这种供应链强化了企业间的关系。具体说，这种供应链通过企业计划的连接、企业信息的连接、在库风险承担的连接等机能的结合，使供应链包含了流通过程的所有企业，从而使物流管理成为一种供应链管理。

四、中国的物流管理

（一）我国物流管理发展概述

我国关于物流及物流管理思想形成的历史不是很长，一些先驱学者对国外物流管理理论研究后逐步形成有中国特色的物流管理理论体系——物流学。我国北京交通大学、华中理工大学、北京物资学院等学校都是对物流比较早进行研究的单位。20 世纪 70 年代以前，我国经济研究中很少见到物流一词，80 年代出版的《经济大词典》初次编入"物流合理化"这个词。1985 年出版的《经济与管理大词典》将"物流"解释为"在买方与卖方之间的实物形态的流动过程"。崔介何等人认为"物流是物资资料从供应者到需要者的物理性流动，是创造时间与空间价值的经济活动"，王嘉霖等人认为"物流泛指物资实体的场所的转移和时间占用，即物资实体的物理流动过程（有形和无形的）"。李振认为物流应理解为物资在生产过程中各生产环节之间和产成品从生产场所到消费场所之间的物理性流动，可以有狭义和广义概念，狭义的物流是指物资资料从生产者到消费者的空间位移，属于流通领域；广义的物流是指生产与流通的物资流动，关于物流活动的内容，王嘉霖等人认为物流活动分为：①企业内物流（微观物流）；指原材料采购、临时性存放工序内、车间内、专业厂内以及它们之间的半成品、成品搬运到成品库的活动过程，仓库作业的入库、验收、存储保管、调拨、发放等；②企业外物流，即分销物流；③社会物流（大物流）。

李振认为，物流活动分为：①生产物流。指企业制造活动过程中，原材料、在制品、半成品、产品在工厂范围内的流动，生产物流贯穿产品生产工艺流程的全过程；②供应物流。为保证生产企业的物资供应，通过采购行为使物资从供应单位流转到购物单位形成的物流，它与生产物流的输入端相连接；③销售物流。指生产企业在销售过程中，产品从生产企业到用户之间的物流。销售物流和供应物流是对同一企业而言的，对不同的企业，供应企业的销售物流即为购货企业的供应物流。此外，还有回收物流和废弃物流。

（二）目前我国物流管理存在的主要问题

（1）物流行业发展缓慢，资金短缺，大规模开展物流服务所必需的硬件不足，包装、搬运、仓储、配送等设施和机械与发达国家相比水平还较低，有些环节如搬运甚至尚未完全摆脱人推肩扛的作业方式。物流服务创造的价值尚未得到应有的承认，国家有关的物流政策也不够明确。

（2）运输化目前处于需要扩大运网、增加运能的初步阶段，运力与运输需求的尖锐矛盾制约着物流效率的提高。目前铁路运能只能满足需要的 70% 左右，一些重要方向上特别紧张，致使不少地区的工业以运定产；港口压船压货严重；公路运输由于路况原因使汽车达不到经济时速；集装箱化运输只占可集装货物的 10%，水泥散装率也只有 10%，远低于国际上的正常水平。这些都使得公路交通物流运输管理作为物流重要环节的货运能力出现明显不足。

（3）由于原材料等基础工业比较薄弱，很多原材料、燃料品种严重短缺，物资保证能力弱。当供应紧张时，社会生产和物资部门无力提供足够的货源，造成加工企业为避免生产停顿而囤积各种短缺物资，这当然影响了正常的物流秩序。

（4）产业结构不合理，不少企业的产品不适应市场需要，造成产品大量积压，使物流效率明显降低。近年全国产、成品库存上涨之势尚未得到控制，限产压库工作难度很大。

（5）物流管理体制和运行环境存在不少问题，全社会的现代物流意识尚未建立。物流活动涉及一系列生产和服务部门，在发达国家，生产资料流通大多是作为一个独立行业存在并发挥作用的，而我国至今没有统一的物流管理部门，尚未制定物流的全面发展战略和行业规划，因此特别受当前"条块"矛盾和部门利益的制约，长期按行政隶属关系建立的供应体系很不合理，迂回运输、多角周转十分严重。

在我国的社会生产包括物流过程中投入多产出少，物质消耗高而经济效益低是长期的问题，我们是在用很多资源支持着一种效率很低的经济运转。物流效率低已成为影响我国经济运行水平提高的一个重要因素，其制约作用还会越来越明显。

建立物流的社会化服务体系，是现代化大生产的需要，我们应该从发达国家的物流管理过程中吸取有益的经验，在开始重视物流、增加物流投资的同时，提高对强化社会物流管理的认识，尽快形成高效率的社会物流体系，进入物流管理的较高层次，缩短整个进程所需的时间。因此，必须制订明确的国家物流管理政策和强有力的实施措施。物流效率低，是我国经济运行中很多方面深层次矛盾的集中体现。提高物流管理水平，不但要引导生产企业在库存、包装、搬运、输送等环节上厉行节约、降低消耗，而且要特别注意改善物流设施的结构和机能，增加灵活性，以适应经济生活中物流需要的变化，还要尽快对物流行业的未来发展进行总体规划，从建立一种新的物流秩序着眼，使我国的物流系统朝着社会强化管理的目标迈进。物流水平的真正大幅度提高，显然有待于运输化较完善阶段的实现，有待于整个物流行业获得一个较大的发展，有待于我国工业结构的改善特别是原材料基础工业得到进一步加强，有待于工业组织和管理结构实现向有利于高效物流的转变，有待于国家一系列物流政策的制定和落实，也有待于全社会现代物流意识的建立。

第四节　交通运输业发展现代物流的必要性

一、现代经济社会发展现代物流的重要性

物流是进行生产和建设的物质前提，是实现商品价值和使用价值的重要保障，是形成统一的国内市场的客观基础，是参与国际市场竞争的必要条件。物流业成为现代经济增长的新的利润源，对国民经济增长发挥支撑和带动作用。经济的全球化和日新月异的科学技术，是当代世界经济社会发展的基本趋势和特点。现代物流业在国民经济中地位日益突出，是全球信息化发展速度最快的产业部门之一，已成为发达国家经济的重要组成部分。1995年，美国、加拿大两国物流业产值达7110亿美元，至2000年增加到9000亿美元。现代物流活动是城市经济作为国民经济中枢的具体表现，以日本为例，东京、大阪神户和京都三大经济圈的物流总量占日本全国的比重值保持在44%以上，不仅对日本经济发挥了支撑作用，也使日本能够充当东亚经济的生产总值中枢。

发达国家的经验表明，现代物流业在国民经济中具有十分重要的地位。其影响不仅是物流业产值在GDP中占有较大的份额，而且还体现在抗御经济危机的能力上。1997年开始爆发的东南亚金融危机，以新加坡、中国香港为代表的将物流作为支柱产业的国家和地区表现出很强的抗御危机的能力，使人们对物流产业在国民经济中的重要地位又有了进一步更深刻的认识。

（一）现代物流是企业的"第三利润源"

良好的物流管理可以大大降低企业的成本。早在20世纪60年代，彼得·杜拉克就预言：物流领域是经济增长的"黑暗大陆"，是"降低成本的最后边界"，是降低资源消耗、提高劳动生产率之后的"第三利润源泉"。据估算，物流成本可以占到商品价值的30%~50%，而物流业可以大大降低该部分的成本。如日本在近20年内，物流业每增长2.6个百分点，经济总量就增加1%。而在美国，物流产业的规模已达到9000亿美元，几乎是高技术产业的两倍。同样是在美国，由于服务费高涨，产品的制造成本已不足总成本的

10%，而与储存、搬运、运输、销售、包装等活动耗费的时间相比，产品的加工时间只有这些活动耗时的1/20，可见降低物流成本潜力很大。

（二）现代物流能促进第三产业的发展

第三产业在国民经济中占有较大比重，是一个国家经济发达的重要标志之一。物流服务属于第三产业，物流业的发展必然会带动第三产业的发展，同时可以创造更多的就业机会，对社会经济发展与稳定具有重要作用。以荷兰鹿特丹港为例，它是欧洲最大的汽车分销中心、油品加工与配送中心，又是水果与橙汁的分销配送中心，直接雇员13万人，间接雇员60万人，全年产值占全荷兰GDP的12%。

（三）现代物流是社会消费生活高效化的支柱

现代物流实现或正在实现从商场购物到网上购物，从自行取货到送货上门的变革。在广大顾客收入逐年增加的情况下，这种变革会大大提高顾客的消费需求，促进流通的高效化。国外不少企业在互联网上利用自己的网页和广大消费者沟通信息，促进消费，反映出物流业在社会中的重要地位。美国联邦快递公司和全球上百万名顾客保持密切的电子联系，每天电子传输次数达630万次，处理和配送330万件货物。

（四）现代物流对我国国民经济和企业发展的贡献

科学技术是某种确定类型产业的重要支撑力量，科学技术通过这个产业的发展，对国民经济产生着影响和做出贡献。物流科学的重要性，可以通过物流产业对国民经济的贡献来判断。

（1）物流活动的"利润中心"作用，可以成为企业和国民经济的利润增长点。国民经济领域采用现代物流的组织、管理和技术之后，可以成为国民经济新的利润源；企业中许多物流活动，例如：连锁配送、流通加工等，都可以直接成为企业利润新的来源。

（2）物流现代化可以改善我国的经济运行，实现质量的提升。我国经济虽然取得了持续的进步和发展，但是经济运行质量不高，"粗放式"经营的问题还很严重，尤其是作为支撑国民经济运行的"物流平台"问题更为突出。各种物流方式彼此分割、物流基础设施不足和物流技术落后等问题如果能够得到全面的、系统的改善，就可以使我国国民经济的运行水平得到一个很大的提高。

（3）物流现代化可以改善城市的环境，保障可持续发展战略的实现。物流产业的合理分布，城市地区物流设施的合理规划，现代物流系统建立，可以大大减少城市地区不合理运输的状况，从而有效缓解交通混乱、污染严重等问题，从而为改善城市的环境做出贡献。

（4）一个新的物流产业可以有效改善我国产业结构，促进国民经济发展。由于我国国土面积大，经济发展和物流关系就显得更为密切，物流产业对我国而言，相对重要得多。尤其是现代通信技术和计算机技术支持的电子商务普遍运行之后，重视建立新的物流产业，可以使我国国民经济出现合理的、协调的发展局面。

物流涵盖了全部社会产品在社会上与企业中的运动过程，涵盖了第一产业、第二产业、第三产业和全部社会再生产过程，因而是一个非常庞大而且复杂的领域。从社会再生产的角度来看，国民经济全部工农业产品生产过程和制造过程，除了在加工和在生长过程中的时间，其他都是物流过程的时间。以机械产品的制造为例，生产过程中，加工的时间仅占5%左右，而物流时间占到90%以上，很大一部分生产成本是消耗在物流过程之中；从社会再生产的物流角度来看，全部转化为商品的工农业产品，都需要通过物流来实现资源的配置。所以，物流在经济总量中占有非常大的比重，改善物流业将会直接影响到国民经济效益的提高。

二、交通运输业发展现代物流的必要性

物流是交通运输企业在经营方式上发展的高级阶段。物流业的不断发展将会冲击传统的交通运输业。因此，交通运输业如何加速同物流的融合、适应物流发展的需要，确立在现代物流体系中的地位和作用，是我们面临的非常现实的问题。国际经验表明，运输企业是物流服务的主体或主要提供者，具有发展物流服务的优势和条件。引导道路运输、水路运输、港口装卸、运输代理及多式联运企业大力发展现代物流，对于调整交通运输结构，优化交通资源配置，实现交通运输可持续发展战略，提高交通运输企业的竞争力，更好地为国民经济和社会发展服务，具有重要意义。

（一）加速产业结构调整，降低流通成本，提高生产力水平

我国一般工业从产品出厂经过装卸、储存、运输等各个物流环节到消费者手中的流通费用占商品价格的50%左右；而新鲜水果等易变质食品、某些化工品的流通费用高达商品售价的70%；我国汽车零配件劳动工时中90%以上是原材料、零配件的储存、装卸和搬运时间；在产品的生产和流通环节中大量的原材料、零部件和产品都存在不同程度的库存中转，增加了费用。这些费用和时间上的消耗和浪费，给企业和社会造成了巨大的负担，必须尽快扭转。我国一些生产企业已经开始实施配件"全球采购"的战略，由专业运输企业为其生产提供运输组织服务，并为其产品在全国乃至全球范围内销售提供配送组织服务。

但就总体而言，物流管理对大多数中国企业来说还是新概念，"大而全""小而全"的生产模式，使各单位形成部门自给自足的格局，同时也造成了物流市场的封闭状态。这是导致目前我国国内企业专业化物流服务需求不旺的重要原因。随着市场的完善、竞争的日趋激烈和专业化水平的提高，这种状况必将和正在改变。公路水路交通业不仅可以提供高质量的可靠的运输服务，同时还将提供全方位的物流服务，加速产品周转和流通，压缩库存，最终实现零库存的高效生产模式，提高我国生产发展水平。

（二）开展高质量的物流服务，提高竞争力和效益

我国货物运输业存在组织化程度低、企业规模小、管理手段落后和效益差等问题。要

改变现状，就要发挥运输企业的规模经济，抓住市场机遇，开拓物流市场，提高服务的综合效益。

交通企业通过开展物流服务，进军物流市场，将实现"三赢三利"：第一，由于出现了高品质的物流服务，生产企业或销售企业可以更专注自己的主业，将不擅长的物流组织交给专业的物流公司，提高了它们的竞争力，使这些企业获利；第二，由于交通企业开展的物流服务具有很高的增值能力，而且物流市场巨大，使运输企业找到了新的市场，在使用户获利的同时，也提高了运输企业自身的效益；第三，由于社会物流成本的降低和企业生产效率的提高，最终使消费者获益，真正享有物美价廉的服务和产品。集装箱多式联运代表了现代物流服务的综合性和高效益，通过陆海空综合运输服务为托运人提供优质的"门到门"甚至"点到点"的服务，包括运输、代理、仓储和流通领域，通过高效便捷的手段为客户提供增值和有效的运输服务。

（三）加入 WTO 后，迫使交通运输业快速向现代物流转型

加入 WTO 能为我国创造机会，扩大我国在国际贸易中的份额，但同时也要求我国的物流业能进行更为有效的规划，以便使我国的企业能够抓住 WTO 所带来的机遇。加入 WTO 后客观上迫使我国交通运输业要快速向现代物流业转型，抢占物流市场。

由于我国港口和航运对外开放程度较高，我国加入 WTO 后，航运业受的冲击压力并不大，道路货运业却要面临巨大挑战。比如，资产雄厚、网络遍布美国的陆上物流企业 Ryder 已经在上海设立中国第一家办事处，开拓国内的公路物流市场。马士基于 1999 年在上海建立内陆物流中心。

道路货运加上仓储服务是现代物流的重要内容，发达国家近年来通过发展物流不仅使货运企业获得了较好的经济效益，还大幅度降低了工业产成品的流通费用，使工业企业、货运企业和消费者三方获益匪浅。我国道路货运业对物流尚处于研究探讨和试点阶段，加上我国道路货运市场开放程度低，货运市场的快速开放将对我国道路货运业产生强大冲击，跨国性的物流企业将抢占中国道路货运市场。我国货运企业由于组织化程度不高、企业规模偏小，将面对严峻的挑战，将加剧国内货运企业间的破产和兼并。

三、交通运输业发展现代物流的可行性

物流实际是为客户提供运输、包装、装卸、配送、加工等服务，物流服务过程包含多个环节，涉及交通、铁路、航空、仓储、商业、外贸、金融和信息等各个部门。从供应链的角度看，物流服务引发出第三方物流服务的概念。所谓第三方是指相对于生产企业为第一方，销售企业为第二方而言的，是从事为前两者提供物流服务的专业单位，在供应链中是生产和消费的中间环节。随着市场竞争日趋激烈，社会分工日益深化，传统运输企业面临一系列挑战，这些挑战给运输企业的生存造成巨大压力，必然使传统运输企业产生拓展业务，寻找新的业务增长点的动机。传统运输业是原始的第三方物流，从传统运输业的最

终发展方向看，其向现代物流业的转化具有必要性，也具有可能性。

（一）物流系统运作所需的基本功能

1. 运输在现代物流系统中的地位

一方面，运输是物流不可或缺的环节，运输是物流系统的基础功能之一。没有运输，就没有物质资料的移动，物流系统是通过运输来完成对客户所需的原材料、半成品和制成品的地理定位的。另一方面，运输成本是物流成本的最大组成部分。企业在以降低成本提高质量来提高经济效益的潜力已越来越小的情况下，企业纷纷将目标转向降低整个供应链的成本，尤其是其中的运输成本。统计数据表明，运输成本是目前物流总成本中最大的成本项。以美国为例，1994 年美国的运输开支为 4250 亿美元，占当年美国物流总成本的58.2%。欧洲发达国家的运输成本，一般也占物流总成本的 1/3 以上。因此运输的合理化是物流组织的重要内容，是降低供应链成本、提高效益的主要手段。

2. 客户对运输业需求的变化

全球化的市场竞争，使企业将以市场为导向、以客户为中心作为发展的指导思想，生产企业、营销业采用 JIT（Just in Time，准时制），以及快速反应等技术，力求使物流系统维持在一个最低的库存水平来降低成本，以提高竞争能力，这必然需要高效、快捷的物流服务的支持，其中运输服务是其重要的组成部分。传统的运输业必须顺应客户需求的变化，从提供运输、装卸、搬运等单纯的运输服务向综合物流服务的方向发展。

目前大多数航运企业所从事的运输服务实际上已经是物流活动，也就是说，航运企业已经介入了初级的物流服务，但这种服务是物流服务全过程的一个组成部分，有一定的局限性，无法满足产品从生产者向使用者转移全程多元化服务的要求。因此，以航运企业为代表的交通运输业开展物流活动将成为其今后发展的一个重要的经济增长点。

3. 社会化分工的需要

随着社会化大生产的进一步深化，生产企业和销售企业面对市场竞争，都迫切需要把主要精力集中到企业主业的发展上来，而将原材料、产品的运输、配送、仓储等活动的组织实施逐步推向市场。运输企业必须抓住机遇，以运输主业为基础，依靠新思路、新技术，积极创造条件，开拓和占据新市场，向更高层次的经营方向发展。

（二）物流系统建设所需的基础条件

1. 我国公路水运企业可依托现有条件发展物流

我国综合运输体系由公路、水运、铁路、航空、管道五种运输方式组成，公路、水路交通则是现代综合运输体系的主要组成，是国家最重要的基础设施之一。公路交通是一种服务范围广、承担运量大、发展速度快、对当代经济发展贡献大的运输方式，是促进综合运输体系形成和发展的基础；水路运输投资少、占地少、劳动生产率高、运输成本低，对促进沿河、沿海、港口城市和外向型经济发展有着先导性、基础性的贡献。经过改革开放以来的建设，公路、水路运输业的发展已经到了一定的规模和水平，为进一步向物流业发展提供了必要的基础条件。

2. 在业务功能上具有继承性

现代物流的主要功能是仓储、运输、装卸、搬运、包装、配送等，生产企业、运输业、仓储业、外贸企业及工业等均有可能成为现代物流的市场主体。由于各类企业在供应链中所处的位置不同，拥有的基础资源和条件也不同，跨入物流行业所面临的问题也不尽相同。传统运输业是以运输与装卸搬运为主要业务的行业，拥有遍布全国的运输网络和揽货体系，积累了丰富的管理、经营经验，在信息管理和信息传递上也有一定的基础，这些有利因素在向物流业务的转化过程中将得以继承并不断挖掘其潜力。

第二章　道路交通物流运输合同管理

第一节　道路交通物流运输合同概述

随着行业法规的不断完善，运输市场日趋规范。以往，尽管许多货源单位与车主单位之间建立了承托关系，但是大部分没有纳入合同运输管理范畴，引出了许多经济纠纷，影响到整个货运业的形象和货运市场秩序，这种现象在以汽车为主要工具的运输中更为突出。今后，各级管理部门和当事人应加强合同运输管理和实施工作，认真履行双方业已签订的运输合同，使货运业务走向法制化、正规化的轨道。

一、运输合同的概念与特征

（一）运输合同的概念

（1）合同的概念《中华人民共和国合同法》中所称合同是指平等主体的自然人、法人、其他组织之间设立、变更、终止民事权利义务关系的协议。

（2）运输合同的含义运输合同是承运人将旅客或者货物从起运地点运输到约定地点，旅客、托运人或者收货人支付票款或者运输费用的合同。

（二）运输合同的特征

1. 运输合同主体的复杂性

所谓运输合同的主体，就是运输合同权利的享有者和义务的承担者。运输合同的主体与一般合同主体不同，具有其特殊性和复杂性，这是由运输合同的特点所决定的。运输合同的主体包括承运人、旅客、托运人和收货人。

（1）承运人是指提供运输服务的当事人。凡是取得运输服务资格的企业和个人都可以在批准的经营范围内从事运输生产活动。承运人可以是法人、其他组织，也可以是公民个人。承运人提供运输服务，其基本条件是应具备相应的运输工具。

（2）旅客是指乘坐交通工具旅行的自然人。旅客作为运输合同的主体，既包括中国人，也包括外国人。未成年人或不具备完全民事行为能力的人也可以作为运输合同的主体，但必须与其法定代理人、监护人一起旅行，或者按照规定委托承运人照顾。

（3）托运人是指提供行李、包裹和货物运输的人。行李运输的托运人就是旅客；包裹运输的托运人可以是旅客，也可以是其他货主。托运人可以是自然人，也可以是法人或其他组织；可以是货物的所有人，也可以是货物所有人委托的运输代理人或者货物的保管人。运输合同的订立是由托运人向承运人提出，经过承运人确认后成立的。因此，托运人作为合同的主体具有积极主动的地位。

（4）收货人是托运人指定的领取货物的人。收货人可以是个人，也可以是法人或其他组织。在运输合同中，托运人有时就是收货人，但是在多数情况下，另有收货人。收货人作为运输合同的收益人，也是运输合同的利害关系人。承运人在目的地有通知收货人并向其交付货物的义务。收货人有权请求提取货物，同时也负有及时提货的义务。

2. 运输合同标的特殊性

运输合同的客体是承运人运送旅客或者货物的劳务行为而不是旅客和货物。旅客或者托运人与承运人签订运输合同，其目的是要利用承运人的运输工具完成旅客或者货物的位移。承运人的运输劳务行为是双方权利义务共同指向的目标。因此，只有运输劳务的行为才是运输合同的标的。运输合同的履行结果是旅客或货物发生了位移，而并不是创造新的使用价值。

3. 运输合同当事人权利义务的法定性

运输合同当事人的权利义务大多数是由法律、法规、规章所规定的，当事人按照有关规定办理相关手续后，合同即告成立。但当事人对合同的内容也可以依法进行修改。对于法律规定的强制性条款，当事人不能协商；对于选择性的条款和提示性的条款，当事人可以协商，协商的补充条款也具有法律效力。随着市场经济的不断发展，当事人自由协商订立合同的情况越来越多，因此，《合同法》特别强调当事人的约定的作用。

4. 运输合同格式的标准性

运输合同一般采取标准合同形式订立。所谓标准合同，也称格式合同，是指合同一方提供的具有合同全部内容和条件的格式，另一方当事人予以确认后合同即告成立。由于格式条款是由当事人一方提供格式，对另一方来说，其合法权益会受到侵害，因此，法律对制定标准格式合同的一方规定了很严格的义务，目的是要保护另一方的权益。运输合同涉及的范围比较广，为简便手续，各国基本上都采取标准格式合同。旅客运输合同一般通过出售客票来完成合同的订立过程。货物运输合同绝大多数也是格式条款，并且通过规章形式明确各自的权利义务。

5. 运输合同为有偿、双务合同

承运人履行将旅客或者货物从一地运送到另一地的义务，从而给旅客或者托运人带来"位移"的利益，其本人也取得了要求旅客或者托运人（收货人）支付报酬和运费的权利。承运人以运输为业，以收取运费为盈利手段，旅客或者托运人须向承运人支付运费。因此，运输合同只能是有偿合同。运输合同一经成立，当事人双方均负有义务，承运人须将旅客或者货物从一地运到另一地，旅客或者托运人（收货人）须向承运人支付运费，双方的权利义务是相互对应，相互依赖的。因此，运输合同是双务合同。

二、货物运输合同的概念与特征

货物运输合同是承运人和托运人之间达成的明确货物运输权利义务关系的协议。根据该协议，承运人有义务将货物安全、及时、完整地运到托运人指定的目的地，并交付给托运人指定的收货人，托运人或收货人应当支付相应的运输费用。

货物运输合同的当事人为托运人和承运人。托运人是请求运送货物的人，承运人是实施运输行为的人。托运人既可以为自己的利益托运货物，也可以为第三人利益托运货物，这里的第三人称为收货人，即提取货物之人。因此，在货物运输合同中，托运人可以以自己为收货人，此时合同当事人为双方；也可以以第三人为收货人，此时收货人虽未参与合同的签订，但却是合同的利害关系人。托运人可以是任何单位、组织及公民个人，承运方则必须是具有运输能力、经营运输业务的经济实体或个人。

货物运输合同中的货物包含各种动产，不限于商品。不动产和无形财产不能作为货物运输合同中的货物。

货物运输合同以承运人交付货物给收货人为终结。承运人将货物运至目的地，交付给托运人指定的收货人后，运输合同的当事人的权利义务即告终结，其义务才算是最后履行完成。如果承运人不能按时交付，则要承担相应的法律责任。

三、货物运输合同的种类

（一）按照运输工具分类

按照运输工具的不同，货物运输合同可分为铁路货物运输合同、公路货物运输合同、水路货物运输合同、航空货物运输合同、管道货物运输合同和多式联运货物运输合同。

（1）铁路货物运输合同。铁路货物运输合同是铁路承运人将货物从起运地点通过铁路运输到约定地点，托运人或者收货人支付运输费用的合同。

铁路货物运输合同中的承运人是铁路运输企业。铁路运输企业主要是指国家铁路运输企业和地方铁路运输企业。国家铁路运输企业是指铁路局和铁路分局。铁路站段不是铁路运输企业，而是铁路运输企业的基层组织，它只能以铁路局或者铁路分局的名义进行运输生产活动。

铁路货物运输合同除具有一般货物运输合同的特点外，还具有计划性很强的特点，铁路货物运输合同受国家计划的制约；大宗货物运输受年度、季度和月度运输计划的制约；其他货物运输受运力和其他条件的限制，也要有计划地进行安排。

（2）公路货物运输合同。所谓公路货物运输合同，是指明确公路货物运输的承运人与托运人之间权利义务关系的协议。根据这个协议，承运人应将承运的货物经公路从一地运至另一地，托运人应按规定支付相应的运费。公路货物运输合同是我们讲述的主体内容。

（3）水路货物运输合同。水路货物运输合同，是指承运人收取运费，负责将托运人托运的货物经水路由一港（站、点）运至另一港（站、点）的合同。水路运输的承运人必须是经营水路货物运输业务，并持有营业执照的我国远洋运输企业、沿海水运企业、内河水运企业和个体水运专业户；托运人可以是法人、其他组织、公民等。水路货物运输合同具有以下基本特征。

1）货物重量和体积的计算有其自己的特殊方式。整批货物的重量由托运人确定，承运人也可以进行抽查。散装货物重量，承运人可以通过船舶水尺计算。货物按体积计收运费，托运人应提供重量和体积。

2）合同履行期限受自然条件（气候、水情等）的影响。合同履行期限通常包括起运港发运时间、每一换装港时间和运输时间。由于自然条件所造成的误时，不计算在运期之内。

（4）航空货物运输合同。航空货物运输合同是指航空承运人使用航空器，将托运人托运的货物运到指定地点并交付给收货人，托运人支付货物运输费用的合同．航空货物运输的承运人是指使用民用航空器实施货物运送的人，主要是公共航空运输企业及其代理人。公共航空运输企业是指以盈利为目的，使用民用航空器运送旅客、行李、邮件或货物的企业法人。

（5）管道货物运输合同。管道货物运输合同是指从事管道运输业务的承运人和托运人签订的明确运送货物权利义务关系的协议。在管道货物运输合同中，承运人具有单一性，并且管道运输合同的货物种类也比较少，主要限于气体和液体类货物，如石油、天然气等。

（6）货物多式联运合同。货物多式联运合同是指多式联运的承运人以两种以上不同的运输方式，负责将货物从接管地运至目的地交付收货人，并收取全程运费的合同。货物多式联运合同具有的特点是：

1）承运方由2个以上采用不同运输方式的承运人共同构成，合同对这些承运人均有法律约束力。

2）支付运费的总括性。托运人将全程不同运输阶段的费用一次性支付。

3）对于多式联运运输过程中发生的货物灭失或毁损，承运人负担连带责任。当没有过失的承运人履行赔偿义务之后，有权向造成损害的承运人进行追偿。如果数个承运人之间无法分清过失，则按各自所得的总运费的比例分担。

四、合同的订立程序

（一）订立合同的基本原则

1. 遵守国家法律、行政法规的原则

合同的合法性是合同成立并具有法律效力的首要条件，也是该合同能获得国家承认、当事人的权益得到法律保护的前提。为了保证所订合同具有法律效力，达到预期的法律效果，当事人在订立合同时，必须遵守国家法律和行政法规的规定，在合法的前提下设置合同的内容，确定当事人的权利和义务。

2. 遵循平等、自愿、公平、诚实信用的原则

订立合同的当事人的法律地位是平等的，当事人相互意思表示要真实，要在自愿的基础上协商一致达成协议，任何一方不得将自己的意志强加给对方，也不得弄虚作假，采用欺诈的手段订立合同。

3. 遵守社会公德，不得损害社会公共利益的原则

合同是一种法律形式，必须强调社会责任原则，即既要保证合同当事人双方权利的实现，也要预防和纠正借实现当事人的权利而违背国家利益和社会公共利益的行为。这就要求当事人在订立合同时，不得损害国家利益和社会公共利益，不得扰乱社会经济秩序，不得利用合同从事非法活动。

（二）合同订立的程序

订立合同的过程，就是当事人双方就权利与义务进行协商，达成协议的过程，是一种法律行为。因此，订立合同必须遵守一定的程序。实践中，订立合同需要经过要约与承诺两个阶段。

1. 要约

（1）要约的含义。要约是希望和他人订立合同的意思表示。要约在商业活动和对外贸易中也称为报价、发价、出价或者发盘、出盘。提出要约的一方称为要约人，相对的另一方称为受要约人。要约是合同订立所必须经过的一个阶段。

（2）要约有效的条件。一项有效的要约应当具备以下几个条件。

1）一项要约，可以由合同当事人任何一方提出。但是，发出要约的人必须是特定的合同当事人。

2）要约人必须具有订立合同的意图。这就是说要约人在主观上具有订立合同的愿望和目的。其外在表现形式为要约人主动要求与被要约人订立合同。

3）要约必须表明，该要约一旦由被要约人承诺，合同即告成立，要约人即受要约的约束。

4）要约的内容必须具体确定。一般应至少包括 3 项内容，即标的、数量、价格。要约人应当尽量明确要约的具体内容，以便受要约人判断要约人的意思。

5）要约必须能够到达受要约人。要约只有到达受要约人才能使受要约人知道，才能产生法律效力。如果要约没有到达受要约人，就无法承诺，合同不可能成立。

（3）要约的撤销与撤回。要约人可以撤回其要约，但撤回要约的通知应当在要约到达受要约人之前或者同时到达受要约人。否则撤回无效，要约仍然有效。当存在下列情况时，要约不得撤销。

1）要约中确定了承诺期限或者以其他形式明示要约不可撤销。

2）受要约人有理由认为要约是不可撤销的，并且已为履行合同做了准备工作。

（4）要约的失效。要约发出之后，要约人也并非永远受要约的约束，要约在下述情形下失效。

1）拒绝要约的通知到达要约人。

2）要约人依法撤销要约。

3）承诺期限届满，受要约人未做出承诺。

4）受要约人对要约的内容做出实质性变更。

2. 承诺

（1）承诺的含义。承诺是受要约人同意要约的意思表示。做出这种意思表示的人称为承诺人。承诺应以明示的方式做出，缄默或者不行动不视为承诺。除了根据交易习惯或者要约表明可以通过行为做出承诺的以外，承诺的表示应以通知的方式做出。

（2）承诺有效的要件。承诺必须具备如下要件才能产生法律效力。

1）承诺必须由受要约人做出。根据要约的约束力，只有受要约人才能取得承诺的资格。

2）承诺必须在合理期限内向要约人做出。

3）承诺的内容必须与要约的内容一致。

4）承诺必须表明受要约人决定与要约人订立合同。

5）承诺的传递方式应当符合要约的要求。如果要约要求承诺应以一定的方式做出，那么承诺必须符合要约规定的方式，才有法律效力。比如，要约规定承诺应以发电报的方式做出，则不应采用邮寄的方式，采用邮寄方式做出的承诺无效。如果要约对承诺的方式没有提出要求，承诺应当以合理的方式做出。

（3）承诺的生效。承诺生效是指承诺在什么情况下发生法律约束力。根据我国《合同法》的规定，承诺通知到达要约人时生效。承诺不需要通知的，根据交易习惯或者要约的要求做出承诺的行为时生效。

（4）承诺的撤回。承诺可以依法撤回。承诺的撤回，是在承诺生效前，承诺人表示承诺不能发生法律效力的行为。撤回的通知必须先于或同时于承诺到达要约人，才能发生阻止承诺生效的效力。如果撤回的通知迟于承诺到达要约人，因承诺已经生效，合同往往随之成立，那么不发生承诺撤回的效果。

3. 订立合同的过程

签订合同就是当事人双方进行要约和承诺的协商过程。在实践中，可能经过一次协商就达成协议，也可能需要经过多次反复协商，才能达成协议。这种反复协商的过程，就是要约—新要约—再新要约，直至承诺的过程。

第二节 道路货物运输合同的内容和形式

一、合同的内容

合同的内容由当事人约定，它规定了当事人的权利和义务，是确认合同是否合法的主要根据，也是当事人双方全面履行合同的主要依据。合同一般应包括以下条款。

（一）当事人的名称或者姓名及其住所

当订立合同的当事人为法人或其他组织时，合同文本中应写明该法人或组织的名称、住所或经营场所、法定代表人或负责人姓名。当合同当事人为自然人时，合同文本中应写明该自然人的姓名、住址。

（二）标的

标的是指合同当事人双方的权利义务共同指向的对象。由于合同种类不同，标的也不同。它可以是某种实物，也可以是某个项目、劳务活动或智力成果。例如，买卖合同的标的是某项商品，借款合同的标的是货币，运输合同、仓储合同的标的是提供的劳务等。合同的标的，必须符合国家法律、法规的要求，并不是所有的物和行为都可以作为合同的标的。标的是订立合同的前提，如果没有标的或标的不明确，合同就无法履行，也不能成立。

（三）数量

数量是标的的计量，是衡量标的大小、多少、轻重的尺度。标的数量是通过计量单位和计量方法来衡量的，必须使用国家法定计量单位，统一的计量方法（国家没有规定的，由双方商定）。订立合同时，计量单位和计量方法必须合法、具体、明确。

此外，某些标的物由于物理属性可能会产生自然增减的情况，因此，在合同中，还应当明确记载合理磅差、正负尾差、超欠幅度、自然损耗率等。

（四）质量

标的的质量是指标的的内在素质（物理的、机械的、化学的、生物的等）和外观状况。签订合同时，必须明确、详细地载明标的的名称、品种、规格、型号、等级、质地等具体内容。

标的的质量是合同的主要内容，必须明确质量标准。有国家标准或行业标准的，按国家标准或行业标准签订。没有国家标准或行业标准的，由双方协商签订。对于双方约定提交的样品，如果能够保存，双方应将相同的样品（经双方签封）各自保存一份；如果不易保存，应将样品名称、品种、规格、型号、等级、质地详细记载清楚，各存一份，以作为验收凭证。

（五）价款或者报酬

价款或者报酬是指合同当事人一方向交付标的的另一方所支付的以货币为表现形式的代价。在以物为标的的合同中，这种代价称为价款；在以劳务、智力成果为标的的合同中，这种代价称为报酬。

产品的价格，除国家规定必须执行国家定价的以外，由当事人协商议定。报酬也是如此。价款或者报酬，除法律另有规定外，必须采用货币计量来表示。

（六）履行期限、地点和方式

（1）履行期限是指履行合同标的和价款（或者报酬）的时间界限。合同履行期限分为合同的有效期限和合同的履行期限。

（2）履行地点是指交付或提取标的的地方。合同中必须对履行地点做出明确规定。在买卖合同中，由卖方送货或采用代办托运的，履行地点为产品发运地；买方自提的，履行地点为产品的提货地。在有关合同中，交付建筑物的，履行地点为建筑物所在地；给付货币的，在接受给付的一方所在地履行。

（3）履行方式是指当事人采用什么方式履行合同义务。合同的履行方式，首先取决于标的的性质，不同性质的标的，有不同的履行方式。但是，无论当事人的目的和合同标的性质如何不同，都必须明确规定是一次履行还是分期、分批履行；是当事人自己履行，还是由他人代为履行。

合同的履行方式包括标的的交付方式和价款或者报酬的结算方式。

（七）违约责任

违约责任是指因当事人一方或双方的过错，造成合同不能履行或不能完全履行时，责任方必须承担的责任。对于违约责任，法律、法规有规定的，按照法律、法规的规定执行；法律、法规没有规定的，由当事人双方协商确定。当事人一方可以在合同中约定，一方当事人违反合同时，向另一方当事人支付一定数额的违约金；或者约定因违反合同而产生损失赔偿数额的计算方法。但约定的违约金、赔偿金，不得超过法律、法规规定的比例幅度或者限额。

在合同中明确规定当事人双方的违约责任，有利于双方严肃认真地签订和履行合同，有利于追究责任方的违约责任。

（八）解决争议的方法

解决争议的方法，是指当事人因合同发生纠纷时的处理方法。当事人可在合同中约定采用四种解决争议的方法：双方协商解决、交由第三方调解、交由仲裁机关仲裁、交由人民法院审理。

二、货物运输合同的基本形式

货物运输合同的形式一般应当是书面的。不同的运输方式对货物运输合同的形式有不同的规定。概括地说，货物运单是货物运输合同的基本形式。但货物运单很简单，当事人也可以通过签订具体的书面合同来明确各自的权利义务。下面讲述公路货物运输合同。

三、公路货物运输合同的形式

（一）公路货物运输合同的基本形式

公路货物运输合同可以采用书面形式、口头形式和其他形式订立。书面形式的公路货物运输合同包括定期运输合同、一次性运输合同和道路货物运单（简称运单）。

（1）定期运输合同。定期运输合同也称为计划运输合同，是指承、托双方根据需要，按年度、季度、月度订立的货物运输合同，适用于承运人、托运人、货运代办人之间商定一段时期内的批量货物运输。

凡是规定或有条件按年、季、月度签订运输合同的，都应签订计划运输合同；合同签订后，托运人应在合同商定的期限内，按规定的时间提前向承运人提送履行合同的月、日等运输计划表。该计划表也为合同的组成部分。在已按年、季、月度签订计划运输合同的情况下，当实际办理托运、承运手续时，当事人还应按批填制货物运单。该运单也是计划运输合同的组成部分。

（2）一次性运输合同。一次性运输合同适用于单次的货物运输，是一种当事人双方协商签订的运输合同。

（3）道路货物运单。道路货物运单是道路货物运输及运输代理的合同凭证，是运输经营者接受货物并在运输期间负责保管和据以交付的凭据，也是记录车辆运行和行业统计的原始凭证。

承运人、托运人和货运代办人签订定期运输合同、一次性运输合同时，将运单视为货物运输合同成立的凭证。在每车次或短途每日多次货物运输中，也将运单视为合同。

道路货物运单分为甲、乙、丙2种。甲种运单适用于普通货物运输、大件货物运输、危险货物运输和运输代理业务；乙种运单适用于集装箱汽车运输；丙种运单适用于零担货物运输。

甲、乙两种道路货物运单均为一式四联，第一联为存根，作为领购新运单和行业统计的凭据；第二联为托运人存查联，交托运人存查；第三联为承运人存查联；第四联为随货同行联，作为载货通行和核算运杂费的凭证，货物运达，经收货人签收后，作为交付货物的依据。

丙种道路货物运单一式五联，第一联为存根，作为领购新运单和行业统计的凭证；第二联为托运人存查联，交托运人存查。第三联为提货联，由托运人邮寄给收货人，凭此联提货，也可由托运人委托运输代理人通知收货人或直接送货上门。收货人在提货联收货人签章处签字盖章，收、提货后由到达站收回。第四联为运输代理人存查联。第五联为随货同行联，作为载货通行和核算运杂费的凭证，货物运达，经货运站签收后，作为交付货物的依据。

丙种道路货物运单应与汽车零担货物交接清单配套使用。

汽车货物运输合同自双方当事人签字或盖章时成立。当事人采用信件、数据电文等形式订立合同的，可以要求签订确认书，签订确认书时合同成立。

（二）公路货物运输合同的内容

（1）公路货物运输合同的一般内容。公路货物运输合同一般应当具备下述内容。

1）货物的名称、性质、体积、数量及包装标准。

2）货物起运和到达地点、运距，托运人、收货人的名称及详细地址。

3）运输质量及安全要求。

4）货物装卸责任和方法。

5）货物的交接手续。

6）批量货物运输起止日期。

7）年、季、月度合同的运输计划（文书、表式、电报）提送期限和运输计划的最大限量。

8）运杂费计算标准及结算方式。

9）变更、解除合同的期限。

10）违约责任。

11）双方商定的其他条款。

（2）定期汽车货物运输合同的内容。定期汽车货物运输合同应包含下列基本内容。

1）托运人、收货人和承运人的名称（姓名）、地址。

2）货物的种类、名称、性质。

3）货物重量、数量或月、季、年度货物批量。

4）起运地、到达地。

5）运输质量。

6）合同期限。

7）装卸责任。

8）货物价值，是否保价、保险。

9）运输费用的结算方式。

10）违约责任。

11）解决争议的方法。

（3）一次性运输合同和运单的内容。一次性运输合同、运单应包含以下基本内容。

1）托运人、收货人和承运人的名称（姓名）、地址。

2）货物名称、性质、重量、数量、体积。

3）装货地点、卸货地点、运距。

4）货物的包装方式。

5）承运日期和运到期限。

6）运输质量。

7）装卸责任。

8）货物价值，是否保价、保险。

9）运输费用的结算方式。

10）违约责任。

11）解决争议的方法。

（三）公路货物运输期限

公路货物运输期限是指由承托双方共同约定的货物起运、到达目的地的具体时间。若公路货物运输合同中未约定运输期限，则从起运日起，按 200 千米为一日运距；用运输里程除以每日运距，得到货物运输期限。

货物运输合同的事故处理及当事人的权利与义务。

一、运输合同的变更和解除

（一）运输合同变更和解除的含义

运输合同变更和解除是指在合同尚未履行或者没有完全履行的情况下，遇到特殊情况而使合同不能履行，或者需要变更时，经双方协商同意，并在合同规定的变更、解除期限办理变更或解除。任何一方不得单方擅自变更、解除双方签订的运输合同。变更合同是指合同部分内容和条款的修改补充；解除合同是指解除由合同规定双方的法律关系，提前终止合同的履行。

（二）运输合同变更和解除的条件

（1）凡发生下列情况之一者，允许变更和解除。

1）由于不可抗力使运输合同无法履行。

2）由于合同当事人一方的原因，在合同约定的期限内确实无法履行运输合同。

3）合同当事人违约，使合同的履行成为不可能或不必要。

4）经合同当事人双方协商同意解除或变更，但承运人提出解除运输合同的，应退还已收的运费。

（2）货物运输过程中，因不可抗力造成道路阻塞导致运输阻滞，承运人应及时与托运人联系，协商处理，发生货物装卸、接运和保管费用按以下规定处理。

1）接运时，货物装卸、接运费用由托运人负担，承运人收取已完成运输里程的运费，退回未完成运输里程的运费。

2）回运时，收取已完成运输里程的运费，回程运费免收。

3）托运人要求绕道行驶或改变到达地点时，收取实际运输里程的运费。

4）货物在受阻处存放，保管费用由托运人负担。

二、公路货物运输合同当事人的义务

（一）托运人的义务

（1）如实申报的义务托运人应承运人的请求，有依规定如实填写运单的义务。如无运单的填发，托运人也应将所托运的货物的品种、数量、性质等情况如实告知承运人。

（2）有关文件交付及说明的义务按照国家有关部门规定需办理准运或审批、检验等手续的货物，托运人托运时应将准运证或审批文件提交承运人，并随货同行。托运人委托承运人向收货人代递有关文件时，应在运单中注明文件名称和份数。

（3）支付运输费用的义务托运人因运输而实现货物的位移的目的，支付运输费用是托运人的首要义务。

（4）包装义务托运货物的包装，应当按照承托双方约定的方式包装。对包装方式没有约定或者约定不明确的，可以协议补充；不能达成补充协议的，按照通用的方式包装；没有通用方式的，应在足以保证运输、搬运装卸作业安全和货物完好的原则下进行包装。

（5）装卸的义务货物装卸既可以由承运人负责，也可由托运人负责。由承运人负责时，托运人应支付装卸费。由托运人装卸时，托运人应准备相应的劳动力和装卸机具，按约定时间和质量要求搞好装卸，并由承运人监督装卸。

（6）正确制作运输标志和包装储运图示标志运输标志及包装储运图示标志的作用在于提醒承运人正确运输、保管。托运人应依货物性质正确制作，以免发生差错。

（二）承运人的义务

1. 安全、按时运送的义务

承运人应按合同约定或规定的期限，将货物安全地运送到目的地。

2. 保管货物的义务

承运人在运输期限内应妥善保管所运送的货物。

3. 依托运人的指示而处理货物的义务

承运人尚未将运送货物运到目的地的情况通知收货人前，或收货人在货物到达后尚未请求交付货物之前，托运人有权请求承运人中止运送，返还货物或做其他处理。

4. 运到的通知义务

承运人将货物运达目的地后，应立即通知收货人，以便使收货人能及时领取货物。

5. 货物交付的义务

经收货人的请求，承运人负有将所运货物交付收货人的义务。承运人交付货物，义务才算终结。

6. 提供适运车辆的义务

承运人应根据承运货物的需要，按货物的不同特性，提供技术状况良好、经济适用的车辆，并能满足所运货物重量的要求。使用的车辆、容器应做到外观整洁，车体、容器内干净无污染物、残留物。承运特种货物的车辆和集装箱运输车辆，需配备符合运输要求的特殊装置或专用设备。

7. 按约定进行装卸的义务

承、托双方可约定由承运人负责装卸。承运人装卸时，应严格遵守作业规程和装载标准，保证装卸质量。

（三）收货人的权利和义务

1. 收货人的权利

（1）承运人将货物运到目的地后，收货人有凭证取得所运货物的权利。

（2）收货人验收货物时，若发现货物短少或灭失，有请求承运人赔偿的权利。

2. 收货人的义务

（1）收到提货通知后，应按规定的时间验收提取货物，并与承运人办理交接手续。不及时领取货物的，收货人应承担由此产生的后果（如支付保管费等）

（2）收货人应缴清托运人在起运地未交或少交的运费和因托运人责任发生的垫款。

（3）运输合同约定收货人负责卸车的，应在规定的卸车时间内将货物卸完，或在规定的停留时间内将货车送到交接地点；卸车完毕后，应将货车清扫干净；需要洗刷消毒的，还应进行洗刷消毒。

三、货运事故和违约处理

货运事故是指货物运输过程中发生货物毁损或丢失货运事故和违约行为发生后，承托双方及有关方应编制货运事故记录。

货物运输途中，发生交通肇事造成货物损坏或灭失，承运人应先行向托运人赔偿，再向肇事的责任方追偿。

（一）货运事故处理具体规定

货运事故处理过程中，收货人不得扣留车辆、承运人不得扣留货物。由于扣留车、货而造成的损失，由扣留方负责赔偿。

货运事故赔偿数额按以下规定办理。

（1）货运事故赔偿分限额赔偿和实际损失赔偿2种。法律、行政法规对赔偿责任限额有规定的，依照其规定；尚未规定赔偿责任限额的，按货物的实际损失赔偿。

（2）在保价运输中，货物全部灭失，按货物保价声明价格赔偿；货物部分毁损或灭失，按实际损失赔偿；货物实际损失高于声明价格的，按声明价格赔偿；货物能修复的，按修理费加维修取送费赔偿。保险运输按投保人与保险公司商定的协议办理。

（3）未办理保价或保险运输的，且在货物运输合同中未约定赔偿责任的，按本条第一项的规定赔偿。

（4）货物损失赔偿费包括货物价格、运费和其他杂费。货物价格中未包括运杂费、包装费以及已付的税费时，应按承运货物的全部或短少部分的比例加算各项费用。

（5）货物毁损或灭失的赔偿额，当事人有约定的，按照其约定，没有约定或约定不明确的，可以补充协议，不能达成补充协议的，按照交付或应当交付时货物到达地的市场价格计算。

（6）由于承运人责任造成货物灭失或损失，以实物赔偿的，运费和杂费照收；按价赔偿的，退还已收的运费和杂费；被损货物尚能使用的，运费照收。

（7）丢失货物赔偿后，又被查回，应送还原主，收回赔偿金或实物；原主不愿接受失物或无法找到原主的，由承运人自行处理。

（8）承托双方对货物逾期到达，车辆延滞，装货落空都负有责任时，按各自责任所造成的损失相互赔偿。

（二）货运事故处理程序

（1）货运事故发生后，承运人应及时通知收货人或托运人。收货人、托运人知道发生货运事故后，应在约定的时间内，与承运人签注货运事故记录。收货人、托运人在约定的时间内不与承运人签注货运事故记录的，或者无法找到收货人、托运人的，承运人可邀请2名以上无利害关系的人签注货运事故记录。

货物赔偿时效从收货人、托运人得知货运事故信息或签注货运事故记录的次日起计算。在约定运达时间的30日后未收到货物，视为灭失，自31日起计算货物赔偿时效。未按约定的或规定的运输期限内运达交付的货物，为迟延交付。

（2）当事人要求另一方当事人赔偿时，须提出赔偿要求书，并附运单、货运事故记录和货物价格证明等文件，要求退还运费的，还应附运杂费收据。另一方当事人应在收到赔偿要求书的次日道路交通物流运输合同管理起，60日内做出答复。

（3）承运人或托运人发生违约行为，应向对方支付违约金。违约金的数额由承托双方约定。

（4）对承运人非故意行为造成货物迟延交付的赔偿金额，不得超过所迟延交付的货物全程运费数额。

四、合同运输管理

在物流运输组织中推行合同运输，一般要抓好以下几方面工作。

（1）建立健全货运合同管理制度，实现货运合同管理制度化。有关合同管理制度的内容主要包括合同审核制度、归档保管制度、履行检查制度、总结报告制度等。

（2）加强合同运输的推广工作。对于适宜签订合同进行运输的货物，原则上均应采用合同运输。运输市场放开后，许多货源单位与车源单位之间建立了承托关系，但是，往往只是口头协议，没有纳入合同运输范畴，由此而引出的经济纠纷也很多。这些也影响到整个货运业的形象和货运市场秩序。管理部门应加强合同运输实施工作，把货运行为引向法制的轨道。

（3）加强合同运输的监督检查工作，防止各类危害社会经济运行的违法行为发生。运政管理部门要依据国家有关经济法规，对合同运输进行监督检查，防止假运输合同等现象的发生。

（4）核实货运合同履行情况，针对存在的问题，及时做好调解工作。运政管理部门要把合同履行情况的检查作为建立和完善运输市场机制的重要工作来抓，形成定期检查货运合同的工作体系，针对有关问题，及时做好协调工作，使货运业管理逐步走向法制化轨道。

第四节　案例分析

多式联运区段运输合同追偿案

【判决书字号】北海海事法院（2003）海商初字第 020 号。

【案由】多式联运区段运输合同追偿案。

【案例全文】

原告：广东安通国际货运代理有限公司（下称安通公司）

法定代表人；郑某，总经理。

委托代理人：赵某，广东某律师事务所律师。

委托代理人：潘某，广东某律师事务所律师。

原告：广东安通国际货运代理有限公司北海分公司（下称安通北海分公司）。

负责人：詹某，经理。

委托代理人：赵某，广东某律师事务所律师。

委托代理人：潘某，广东某律师事务所律师。

被告：北海市城东运输有限公司。

法定代表人：岑某。

委托代理人：黄某，某律师事务所律师。

委托代理人：覃某，某律师事务所律师。

审级：一审。

审判机关和审判组织

审判机关：北海海事法院。

合议庭组成人员：审判长：张某；审判员：倪某、谭某。

审结时间：2003 年 5 月 23 日。

【诉辩主张】

（1）原告安通公司及安通北海分公司诉称原告安通北海分公司与被告签订有长期性运输协议。2002 年 9 月 17 日，根据安通北海分公司的要求，被告安排其车辆运输广西合浦公馆出口烟花厂（下称公馆烟花厂）拟出口的 1858 箱烟花，但被告提取货物后并未将货物安全运往目的地，而是将所运烟花和集装箱损毁。公馆烟花厂已向原告提起索赔诉讼，并保全了安通北海分公司 40 万元的银行存款；而原告方已向集装箱主赔偿了 2930.85 美元集装箱损失。为此，请求法院判令被告赔偿集装箱灭失的损失 2930.85 美元，烟花货主的相关损失 392 885.24 元及烟花货主另案状告原告而可能由原告负担的诉讼费用，并由被告承担本案诉讼费用。

（2）被告辩称原告未书面通知所运货物为危险品，以致作为没有危险品运输资格和防范经验的被告在运输过程中发生了只有危险品才碰撞爆炸燃烧的意外事故，因而有关损失完全应由原告自行承担。

【事实和证据】

北海海事法院经公开审理查明：2001 年 7 月 1 日，原告安通北海分公司与被告签订一份关于集装箱及其货物的运输协议，约定由被告承运安通北海分公司所需运输的集装箱及其货物，其中安通北海分公司的责任及义务为：市内或短途运输提前半天将所需运输的集装箱货物的名称、规格、数量和目的地等通知被告；负责对货物及时进行装卸，避免车辆积压；每月结算一次运费。该协议约定被告的义务为：按时将车辆派往指定地点，将所需运输的集装箱和货物安全、快捷地运到指定目的地；对运输车辆和司机的安全负责；保证所运货物的安全，并对运输过程中造成货物的损坏、丢失负责赔偿。

2002 年 9 月 10 日，原告安通北海分公司与公馆烟花厂签订出口货物委托单，载明：公馆烟花厂作为托运人，就集装箱货物（其中有编号为 EISUl475464 的集装箱）16000 箱烟花向安通北海分公司办理托运；安通北海分公司应负责安排从公馆烟花厂清水江仓库至北海港的汽车运输以及北海至香港、香港至汉堡的船舶运输；由公馆烟花厂向安通北海分公司一次性支付全程运费。为履行与公馆烟花厂的约定，安通北海分公司即根据其与被告的运输协议，通知被告派车辆运输。2002 年 9 月 17 日，被告派汽车将已装入集装箱的烟花从公馆烟花厂清水江基地仓库运至北海港装船。在清水江基地装车时，汽车司机发现所运为烟花，曾表示拒绝运输，但安通北海分公司称若拒绝运输则要追究被告的违约责任，司机遂接受了运输任务。当日 17：43 时许，由司机范谦明驾驶的装载 40 英尺集装箱（箱号 EISUl475464）的东风牌桂 E00692 号平板车，在通过北海港铁路专用线 M1—1 号、M2—2 号平交过道时，被 0012 号火车机车顶送 38 辆重车时撞上，造成铁路车辆 P643411247、P62（N）3326741 损坏，线路两钢轨扭曲变形，汽车平板车报废、平板车上的 EISUl475464 号集装箱及其所装 1858 箱烟花燃烧报废，中断行车 1 小时 17 分。造成此事故的原因是：汽车司机范谦明驾驶机动车辆通过铁路平交过道时，未遵守"一停、二看、三通过"规定，抢越过道，且运输烟花易燃危险品通过铁路不按规定申报。由汽车司机承担完全责任。本院在（2003）海商初字第 019 号案中查明，在受损集装箱的表面、箱号之下贴有"1.4G""UN0336"字样的黄色标签。

受损报废的 EISUl475464 号集装箱价值 2930.85 美元，折合人民币 24266.43 元，其所有权属长荣香港有限公司，原告方已向箱主作了全额赔偿。

事故发生后，公馆烟花厂以安通公司和安通北海分公司为被告，向本院提起多式联运合同货物损害赔偿纠纷诉讼，要求该案两被告赔偿 EISUl475464 号集装箱受损所致的货款损失 276135.95 元、经济损失 116749.29 元，并承担有关诉讼费用。本院对该案判决：安通公司赔偿公馆烟花厂货物损失 392885.24 元，并承担案件受理费等 12604 元，共计405489.24 元。对此有本院（2003）海商初字第 019 号民事判决书为证。

另查明，被告系有限责任公司，其道路运输经营许可证载明的经营范围为普通货运。上述事实有下列证据证明。

（1）2001 年 7 月 1 日安通北海分公司与被告签订的运输协议。

（2）2002 年 9 月 17 日公馆烟花厂仓库成品出仓单。

（3）2002 年 9 月 10 日的出口货物委托单。

（4）2003 年 1 月 3 日安通国际航运有限公司与安通北海分公司的协议备忘录及发票、收据。

（5）公馆烟花厂对原告的民事诉状及法院的财产保全裁定书。

（6）2002 年 10 月 30 日，被告向原告确认集装箱及货物损失的函。

（7）2002 年 11 月 14 日广东律师事务所致被告的律师函。

（8）被告的道路运输经营许可证。

（9）汽车运输危险货物品名表。

（10）2002 年 10 月 11 日路外伤亡事故调查处理报告。

【判案理由】

北海海事法院根据上述事实和证据认为：本案系多式联运区段运输合同追偿纠纷。案涉货物由原告安排自公馆烟花厂仓库经陆运、海运方式运至目的港，该运输方式属《中华人民共和国海商法》（下称《海商法》）规定的多式联运，案涉货损发生在中国境内的陆路运输区段，故本院对本案具有管辖权，且有关赔偿责任、责任限额等应适用调整该区段运输方式的《中华人民共和国合同法》（下称《合同法》）等法律法规。

公馆烟花厂在另案中对本案两原告提起多式联运合同货物损害赔偿纠纷诉讼，如果该另案公馆烟花厂胜诉，本案原告将承担相应赔偿责任。原告为了确保合法转嫁在该另案中可能承担的责任，亦是为了保住有关的诉讼时效，在该另案未审结之前，向本院提起本案诉讼。根据《海商法》第二百五十七条第一款"……在时效期间内或者时效期间届满后，被认定为负有责任的人向第三人提起追偿请求的，时效期间为九十日，自追偿请求人解决原赔偿请求之日起或者收到受理对其本人提起诉讼的法院的起诉状副本之日起计算"之规定，原告所提起的本案诉讼实际上属于追偿性质的诉讼。尽管有关的诉讼请求尤其是追偿的数额能否获得支持，一定意义上讲要以该另案审理结果为依据或前提，但这并不妨碍原告对被告依法提起追偿诉讼，故原告对被告依法享有诉权。

原告安通北海分公司与被告于2001年7月1日签订的运输协议，是双方在平等自愿基础上的真实意思表示，内容不违反国家法律强制性规定，因而合法有效，双方都应按协议约定诚信履行各自义务。然而，该协议并无关于运输烟花等危险品的约定，且被告运输方面的经营范围仅为普通货运，因此其协议内容应认定为是不包括危险品运输的普通货物运输。对此，原告在未与被告协商修改运输协议条款情况下直接指示其运输烟花的行为，违反了双方运输协议的约定。根据《合同法》第三百零七条的规定，危险品托运人应承担比普通货物托运更多的法定义务，即将危险品妥善包装，做出危险品标志和标签，并将有关危险品名称、性质和防范措施的书面材料提交承运人，而原告并未履行上述法定义务，故原告不仅违约，而且违法。虽说受损集装箱贴有国际海运危险货物规则所规定的"1.4G""UN0336"的标志和标签，但由于被告仅有资格从事国内普通货物运输，因而对该相关标志和标签的含义无证据证明被告已经知晓，更不能推定被告当然知道；相反，被告事实上对此不知晓，也无义务知晓，故该标志和标签不能起到已"将有关危险物品的铝的性质和防范措施的书面材料提交承运人"的作用。

企业法人工作人员的经营活动行为即为企业法人本身的行为。被告司机得知所运货物为烟花即危险品时虽曾表示不予运输，但在原告向其交涉不运输将承担违约责任的情况，被告司机即同意运输。这里，原告的交涉未构成对被告司机的胁迫，因为原告的交涉仅仅为一般意义上的要求，被告履行运输义务的意思，对于并无运输危险品的协议内容，被告完全有权拒绝。即使协议有运输危险品内容，若原告违背《合旧法》的有关规定（第三百零七条）即对原告未提供危险品名称、性质等书面材料的做法，被告也有权拒绝运输。然而，被告对此放弃了拒绝运输的权利而选择了同意运输路子，该行为实为明知其不具有危险品运输资质而客观上从事危险品运输，显然具有违法性。

关键的问题在于，造成集装箱及烟花损害后果的直接原因，是被告司机违章抢道与火车相撞即驾驶疏忽所致，而非烟花危险品属性直接引发损害结果发生。显然，原告未书面告知危险品名称、性质和防范措施的行为，与司机违章抢道之间并无法律上的直接的因果关系，引发损害结果的过错主要在于被告的疏忽大意即未采取相应的交通安全措施。当然，如果所运货物系非危险品，即使被告车辆发生与火车相撞事故，也不致发生如此严重的后果，故烟花的危险品属性是加剧损害结果严重程度的重要原因。因此可见，案涉事故的损害后果为原被告混合过错所致，双方对此均应承担责任。根据案件的具体情况，又以被告的过错为大，应承担本案损失 60% 的责任，原告的过错多次，应承担本案损失 40% 的责任，即被告应承担 24266.43 元集装箱损失中的 14559.86 元，405489.24 元烟花及诉讼费用损失中的 243293.54 元。安通北海分公司是安通公司的分支机构，不具有法人资格，依照《中华人民共和国公司法》第十三条"公司可以设立分公司，分公司不具有企业法人资格，其民事责任由公司承担"的规定，被告的赔偿对象应为安通公司而非其分支机构安通北海分公司。

【定案结论】

北海海事法院根据《中华人民共和国合同法》第八条、第三百零七条、第三百一十一条以及《中华人民共和国民法通则》第四十三条和第一百一十三三条之规定，判决如下。

（1）被告北海市城东运输有限公司赔偿原告广东安通国际货运代理有限公司集装箱损失 14559.86 元、烟花及诉讼费用损失 243293.54 元，共计 257853.40 元，于判决生效之日起 10 日内清偿；

（2）驳回原告的其他诉讼请求

案件受理费 8768 元、其他诉讼费 1500 元，共计 10268 元，由原告安通公司负担 4107.20 元；被告负担 6160.80 元。

第三章　道路交通整车运输物流管理

道路交通货物运输货种繁多，货物的批量大小不同，各种货物对装运车辆也有不同要求，因而需要公路货物运输企业以多种运输类别满足货物托运人的要求。目前我国道路交通货物运输企业开发的运输类别有许多种形式，本章以道路交通整车运输为对象，讲述整车货物运输物流管理，重点介绍物流环节中有关站务工作、货物装卸、运输单据及货运事故的协调处理。

第一节　整车货物运输概述

一、整车货物运输的含义

托运人一次托运的货物在 3 吨（含 3 吨）以上，或虽不足 3 吨，但其性质、体积、形状需要一辆 3 吨以上公路货物运输的，均为整车货物运输。

为明确运输责任，整车货物运输通常是一车一张货票、一个发货人。为此，公路货物运输企业应选派额定载重量（以车辆管理机关核发的行车执照上标记的载重量为准）与托运量相适应的车辆装运整车货物。一个托运人托运整车货物的重量（毛重）低于车辆额定载重量时，为合理使用车辆的载重能力，可以拼装另一托运人托运的货物，即一车二票或多票，但货物总重量不得超过车辆额定载重量。

整车货物多点装卸，按全程合计最大载重量计重，最大载重量不足车辆额定载重量时，按车辆额定载重量计算。

托运整车货物由托运人自理装车，未装足车辆标记载重量时，按车辆标记载重量核收运费。

整车货物运输一般不需中间环节或中间环节很少，送达时间短、相应的货运集散成本较低。涉及城市间或过境贸易的长途运输与集散，如国际贸易中的进出口商通常乐意采用以整车为基本单位签订贸易合同，以便充分利用整车货物运输的快速、方便、经济、可靠等优点。

二、整车货物运输的生产过程及其组织的原则

（一）整车货物运输生产过程构成

整车货物运输生产过程是一个多环节、多工种的联合作业系统，是社会物流必不可少的、重要的服务过程。这一过程是公路货运运输业的劳动者运用运输车辆、装卸设备、承载器具、站场设置等，通过各种作业环节，将货物这一运输对象，从始发地运送到目的地的全过程。它由四个相互关联、相互作用的部分组成，即运输准备过程、基本运输过程、辅助运输过程和运输服务过程。

（1）运输准备过程。运输准备过程又称运输生产技术准备过程，是货物进行运输之前所做的各项技术性准备工作。包括车型选择、线路选择、装卸设备配置、运输过程的装卸工艺设计等都属于技术准备过程。

（2）基本运输过程。基本运输过程是运输生产过程的主体，是指直接组织货物，从起运地至到达地完成其空间位移的生产活动，包括起运站装货、车辆运行、终点站卸货等作业过程。

（3）辅助运输过程。辅助运输过程是指为保证基本运输过程正常进行所必需的各种辅助性生产活动。辅助运输过程本身不直接构成货物位移的运输活动，它主要包括车辆、装卸设备、承载器具、专用设施的维护保护与修理作业，以及各种商务事故、行车事故的预防与处理工作，营业收入结算工作等。

（4）运输服务过程。运输服务过程是指服务于基本运输过程和辅助运输过程中的各种服务工作和活动。例如，各种行车材料、配件的供应，代办货物储存、包装、保险业务，均属于运输服务过程。

构成整车货物运输生产过程的各个组成部分的划分是相对的。它们之间的关系即表现了一定的相对独立性，又表现了相互关联性。同时，通过运输准备过程、辅助运输过程、运输服务过程活动，可以使基本运输过程能够与物流过程的各个功能环节有机地协调起来，使得运输生产过程的服务质量得以提高。

（二）运输生产过程组织的原则

整车货物运输的生产过程与工业企业的生产过程不同之处是它不提供有形的物质产品，只是提供给消费者空间移动的效用；运输生产与运输消费是同时发生、同时结束，因而不能储存、不能调拨。所以，尽可能地压缩货物的承运、运行、交付的时间，不仅是加速了运输生产过程，加快车辆周转，对运输企业带来经济效益；而且节约了货物在途时间，减少途中货物数量与质量的损失，使商品能够提前供应生产和消费，减少国民经济的建设资金在流通领域内的积压等，能带来社会效益。

整车货物运输生产过程组织与企业的服务项目、经营规模、车型结构、营运范围、经

营组织、经营方式，以及市场货源充沛程度、货流在时间上和空间上的分布、服务要求等有密切关系。尽管企业有各自的特点，针对运输生产过程组织而言，最基本的要求是尽可能地做到运输生产过程的连续性、协调性和均衡性。

1. 连续性

连续性是指在运输过程的各个生产环节、各项作业之间，在时间上能够紧密衔接和连续进行，不发生各种不合理的中断现象，使货物在接受运输服务过程中的各项作业能够很好地衔接起来，不发生或少发生不必要的停留和等待现象。

连续性要求是提供较高运输服务水准、获得较高劳动生产率的重要因素，它可以缩短货物的在途时间，提高运送速度；可以有效地利用车辆、站场和仓库，提高设备利用率；可以改善运输服务质量、节约运输时间与费用等。

为了提高运输过程的连续性，应当重视以下几方面工作。

（1）加强运输车辆、运输设施、装卸设备、承载器具等的标准化、系列化和通用化工作。加强"三化"工作可以大大提高物流过程中的包装、装卸、运输、储存、分送等各项作业环节中的连续性；集装设施与设备实现标准化、系列化、通用化，不仅可以提高整车货物运输过程的连续性，还能提高汽车与其他运输方式的衔接性，避免了功能性的换装等作业所引起的停滞。

（2）按照货流系统化的思路尽可能采用先进的工艺方案，加强运输过程组织与控制手段，以优越的技术条件与先进的经营管理方法相结合，提高整车货物运输过程的连续性。

（3）运行安排的合理性。所谓运行安排的合理性是指在组织营运车辆参加运输生产时，在企业内部应做到：尽可能地减少车辆的空驶过程（有计划的调空行程例外），提高车辆的行程利用。因为在货物运输中，由于货物的流向、货物特性的要求不同，常常不能充分利用车辆的回空行程，这就要求调度机构周密地编制车辆运行作业计划，在较大的空间范围内组织循环运输，依据车队驻地就近安排承运（可以减少车辆的回空行程和出入车场的空驶行程）。对物资单位则应协助其合理安排货物运输，减少迂回、对流，折返等不合理运输，节约社会运输费用。

（4）辅助过程的紧凑性。辅助过程包括准备过程和结束过程的运输生产辅助过程，是保证基本生产过程的必备条件，在一定的时间长度内，压缩辅助过程的时间，必然可以增加基本生产过程的时间。所以，在组织运输生产中，提高商务承办部门的工作效率（货运手续的办理与交付，货物装卸，车辆清洗和保修的机械化等），力求在最短的时间内使营运车辆迅速转入下一运次。为了减少营运车辆在上下运次之间的间断时间，除大力组织货源以减少车辆停驶的间断时间之外，组织多班制（即人停车不停的方法）运输，是延长出车时间，减少车辆停驶时间的一项有效措施。

2. 协调性

协调性是指运输过程中的各个环节、各项作业之间，在时间上尽可能保持平行关系，在生产能力上保持比例关系。这两方面关系的实现就可以在确保运输服务质量的前提下，使所配备的生产人员（驾驶员、装卸工人及其他生产工作人员等）、车辆（车型、吨座位等）、运输设施（站场、装卸设备等）在数量上协调配合，不发生失调、脱节现象。

运输过程的协调性是现代化大生产的客观要求，是劳动分工与协作的必然结果。将运输过程的各个环节、各项作业，在安排生产能力上保持协调性，既可以大大提高旅客或货物的运送速度，又可以提高车辆、设备、站场等设施设备、工具的利用率和劳动生产率，进一步提高运输过程的连续性。

在整车货物运输生产活动中，由于货流的变化、技术组织条件的改变、经营机制的不断完善等原因，都会使各个生产环节、各项作业间生产能力和作业安排发生较大改变，因此，为了适应协调性作业要求，必须注意发现薄弱环节，及时采取有效的技术组织措施加以改善。特别强调企业各职能部门的协调性。运输生产本身是一个综合性的生产过程，虽然车辆的运行组织主要是由业务、调度、车队、车站负责，但是运行物资供应、人力调配、资金供应、生活管理、站务工作等都直接或间接地与之相关，要求各职能部门通力合作，密切协调，提高本身的工作效率，并为下一环节创造有利的工作条件，才能保证运输生产过程有最优的利用效果。

3. 均衡性

均衡性是指企业及其内部各个生产环节在同一时期内，完成大致相等的工作量，或稳步递增的工作量，避免出现时松时紧、前松后紧等情况。保持运输过程的均衡性有利于企业保持正常的生产秩序，有利于充分利用车辆、站场、设备、仓库的生产能力，有利于提高行车安全和提高运输服务质量。需要指出的是，运输过程应充分体现其服务过程，其均衡性要求只能是相对的，是以满足货主的要求为前提的，但是作为运输过程组织者应当尽量做到车辆、人员负荷的相对均衡性。为了做到运输过程的均衡性应当运用现代市场营销观念，采用合同运输等方式，与货主建立长期、稳定的运输服务合作关系。均衡性要求是保障运行安全、可靠的重要基础，否则，有可能产生欲速不达，甚至酿成行车事故或机件故障等现象。

综上所述，组织运输生产过程的连续性、协调性、均衡性要求，是以整车货物运输企业服务于社会、货主的现代市场营销思想为指导的，因而，必须以系统观念看待运输生产过程的各项基本要求，不能片面地强调某一项要求，而放弃其他各项要求。按照组织运输生产过程的基本要求，应以企业所承担的运输业务量与其拥有的运输能力相适应为基础，即企业配备的车辆、装卸机具、维修设备，站场设施、职工数量及构成，与企业承担的运输业务量相适应，否则，也难达到这些基本要求。

第二节　整车货物运输的站务工作

整车货物运输过程（简称货运过程）是指货物从受理托运开始，到交付收货人为止的生产活动。货运过程一般包括货物装运前的准备工作、装车、运送、卸车、保管和交付等环节。货物只有在完成了上述各项作业后，才能实现其空间的位移。车站则是开始并结束货物运输的营业场所。

整车货物运输站务工作可分为发送、途中和到达3个阶段的站务工作，内容包括：货物的托运与承运，货物装卸、起票、发车，货物运送与到达交付、运杂费结算，商务事故处理等。

一、整车货物运输的发送站务工作

货物在始发站的各项货运作业统称为发送站务工作。发送站务工作主要是受理托运、组织装车和核算制票三部分组成。

（一）受理托运

受理托运必须做好货物包装，确定重量和办理单据等项作业。

（1）货物包装货物的包装属物资部门的职责范围。为了保证货物在运输过程中的完好和便于装载，发货人在托运货物之前，应按"国家标准"（代号GB）以及有关规定进行包装，凡在"标准"内没被列入的货物，发货人应根据托运货物的质量、性质、运距、道路、气候等条件，按照运输工作的需要做好包装工作。车站对发货人托运的货物，应认真检查其包装质量，发现货物包装不合要求时，应建议并督促发货人将其货物按有关规定改变包装，然后再行承运。

凡在搬运、装卸、运送或保管过程中，需要加以特别注意的货物，托运方除必须改善包装外，还应在每件货物包装物外表明显处，贴上货物运输指示标志。

（2）确定重量货物的质量不仅是企业统计运输工作量和核算货物运费的依据，与车辆车载质量的充分利用，保证行车安全和货物完好也有关。货物质量分为实际质量和计费质量，货物质量的确定必须准确。

货物有实重货物与轻浮货物之分。凡平均每立方米质量不足33.3千克的货物为轻浮货物；否则为实重货物。公路货物运输经营者承运有标准质量的整车实重货物，一般由发货人提出质量或件数，经车站认可后承运。

货物质量应包括其包装质量在内。

发货人托运货物时，应向起运地车站办理托运手续，并填写货物托运单（或称运单）作为书面申请。

（二）组织装车

货物装车前必须对车辆进行技术检查和货运检查，以确保其运输安全和货物完好。装车时要注意码放货物，努力改进装载技术，在严格执行货物装载规定的前提下，充分利用车辆的车载质量和容积。货物装车完了后，应严格检查货物的装载情况是否符合规定的技术条件。发货人办理货物托运时，应按规定向车站交纳运杂费，并领取承运凭证。

货票是一种财务性质的票据，是根据货物托运单填记的。在发站它是向发货人核收运费的收费依据；在到站它是与收货人办理货物交付的凭证之一。此外，货票也是企业统计完成货运量，核算营运收入及计算有关货运工作指标的原始凭证。

始发站在货物托运单和货票上加盖承运日期之时起即算承运，承运标志着企业对发货人托运的货物开始承担运送义务和责任。

二、整车货物运输的途中站务工作

货物在运送途中发生的各项货运作业，统称为途中站务工作。途中站务工作主要包括途中货物交接，货物整理或换装等内容。

（一）途中货物交接

为了保证货物运输的安全与完好，便于划清企业内部的运输责任，货物在运输途中如发生装卸、换装、保管等作业，驾驶员之间，驾驶员与站务人员之间，应认真办理交接检查手续。一般情况下交接双方可按货车现状及货物装载状态进行交接，必要时可按货物件数和质量交接，如接收方发现有异状，由交出方编制记录备案。

（二）途中货物整理或换装

货物在运输途中如发现有装载偏重、超重、货物撒漏，车辆技术状况不良而影响运行安全，货物装载状态有异状，加固材料折断或损坏，货车篷布遮盖不严或捆绑不牢等情况出现，且有可能危及行车安全和货物完好时，应采取及时措施，对货物加以及时整理或换装，必要时调换车辆，同时登记备案。

为了方便货主，整车货物还可允许中途拼装或分卸作业，考虑到车辆周转的及时性，对整车拼装或分卸应加以严密组织。

三、整车货物运输的到达站站务工作

货物在到达站发生的各项货运作业统称为到达站站务工作。到达站站务工作主要包括货运票据的交接，货物卸车、保管和交付等内容。

车辆装运货物抵达卸车地点后，收货人或车站货运员应组织卸车。卸车时，对卸下货物的品名、件数、包装和货物状态等应做必要地检查。

整车货物一般直接卸在收货人仓库或货场内，并由收货人自理。收货人确认卸下货物无误并在货票上签收后，货物交付即完毕。货物在到达地向收货人办完交付手续后，才告完成该批货物的全部运输过程。

第三节　货物装卸作业方法

装卸是物流货物运输、仓储、流通、加工配送作业等物流过程中的重要环节，是其间必不可少的衔接和配套工种。可以说没有装卸作业，整个物流过程就无法实现，没有高效率、高质量的装卸，整个物流过程的效率和质量也会受到严重影响。物流货物运输经营者从整个物流过程理解和把握装卸的含义、技术与组织方法体系，正是正确运用物流理论，科学合理地进行物流货物运输组织工作，提高运输效率和质量水平的有效途径之一。

一、装卸作业的含义及特点

（一）装卸作业的含义

装卸作业是指在同一地域范围进行的、以改变物品的存放状态和空间位置为主要内容和目的的活动。作为为各种运输方式服务的装卸作业，是联结各种货物运输方式、进行多式联运的作业环节，也是各种运输方式运作中各类货物发生在运输的起点、中转和终点的作业活动。

（二）装卸作业的特点

由于社会物流的波动性，空间、时间分布的不均衡性，使货物装卸作业存在如下的特点：

（1）管理难度加大。流通领域的货物装卸服务对象是面向全社会，因而货物装卸作业的地点是经常变换的，货物装卸的设备、设施分布很分散，使经营组织与管理具有一定的难度。

（2）作业内容复杂。货物装卸和运输、仓储、配送等紧密衔接，作业内容较为复杂。例如，在装卸过程中还需同时进行堆码、加固、计量、分拣等作业，比物料装卸有更为丰富的内容。

（3）要求更强的适应性。流通领域中的装卸的对象是随机的，货物种类、形状、尺寸、质量、包装、性质等千差万别，因此，也要求装卸作业要有更强的适应性。

（4）具有不稳定性。流通领域的装卸作业由于货流的波动性、不均衡性，使得货物装卸作业常常表现出波动性、间歇性、突击性。因而，在货流的波动与不均衡的条件下，想保持装卸作业的均衡性往往是很困难的。

二、装卸作业的基本方法

进行装卸作业组织工作时，要依据决定装卸作业方法的条件来选择相应的装卸作业方法。按作业对象特征，可以将装卸作业方法划分为 3 类：单件作业法、集装作业法和散装作业法。

（一）决定装卸方法的条件

决定装卸方法的条件可以分为两大类：一类是由运输（配送）、保管、装卸三者相互关系决定的外部条件，一类是由装卸本身所决定的内在条件。此外，在装卸作业组织工作中还要考虑货车装卸的一般条件。

1. 决定装卸方法的外在条件

决定装卸作业方法的外在条件主要有以下几方面。

（1）货物特征。货物经由包装、集装等形成的形态、质量、尺寸（如，件装、集装、散装货物）等，对装卸作业方法的选择有至关重要的影响。如托盘系列集装货物，就宜选择叉车进行装卸作业有关作业。

（2）作业内容装卸。作业中的重点是堆码、装车、拆垛、分拣、配载、搬运等作业，其中以哪一种作业为主或哪几种作业组合，也影响到装卸作业方法的选择。

（3）运输设备。不同的运输设备，例如，汽车、轮船、火车、飞机等的装载与运输能力、装运设备尺寸都影响到装卸作业方法的选择。

（4）运输、仓储设施运输、仓储设施的配置情况、规模、尺寸大小影响到作业场地、作业设备及作业方法的选择。

2. 决定装卸方法的内在条件

由装卸作业本身所决定的装卸方法的内在条件主要有以下几方面。

（1）货物状态。货物状态主要指货物在装卸前后的状态。

（2）装卸动作。装卸动作指在货物装卸各项具体作业中的单个动作及组合。

（3）装卸机械。装卸机械所能实现的动作方式、能力大小、状态尺寸、使用条件、配套工具等以及与其他机械的组合也成为影响装卸方法选择的因素。

（4）作业组织。参加装卸作业的人员素质、工作负荷、时间要求、技能要求对装卸作业方法的选择有重要的影响作用。

3. 货车装卸一般条件

一般情况条件下，就公路货物运输车辆的货物装卸而言，货车装卸的固定设施主要有：货物装卸场、货物仓库、货物通道、货物装卸线等。这些形式还取决于装卸货物的对象：零担货物、整车货物还是集装箱货物。这些货物的装卸场所因其存放货物的货棚、站台（货台）高低不同，装卸设备也不同，装卸方法也有很大差异。

整车货物装卸，较多采用托盘系列及叉车进行装卸作业。

（二）单件作业法

装卸一般单件货物，通常是逐件由人力作业完成的，对于一些零散货物，诸如搬家货物等也常采用这种作业方法；长大笨重货物、不宜集装的危险货物以及行包等仍然采用单件作业法。

单件作业根据作业环境和工作条件可以采用人工作业法、机械化或半机械化作业法。在特定场所，有些像包裹那样的货物也可采用半自动化作业法，采用自动或半自动控制的分拣传输设备进行有关作业。

（三）集装作业法

集装作业法是将货物集装化后再进行装卸作业的方法，它包括托盘作业法、集装箱作业法、货捆作业法、网袋作业法、滑板作业法及挂车作业法等。

1. 托盘作业法

托盘作业法是用托盘系列集装工具将货物形成成组货物单元，以便于采用叉车等设备实现装卸作业机械化的装卸作业方法。一些不宜采用平托盘的散件货物可采用笼式托盘形成成组货物单元，一些批量不很大的散装货物。如粮食、食糖、啤酒等可采用专用箱式托盘形成成组货物单元，再将之以相应的装载机械、泵压设备等的配套，实现托盘作业法。

2. 集装箱作业法

集装箱的装卸作业通常采用垂直装卸法和水平装卸法进行，有的集装箱在货物堆场也可采用能力很大的集装箱叉车装卸。

垂直装卸法在港口可采用集装箱起重机，前以跨运车应用为最广，但龙门起重机方式最有发展前途；在车站以轨行式龙门起重机方式为主，配以叉车较为经济合理，轮胎龙门起重机、跨运车方式、动臂起重机方式、侧面装卸机方式也较多采用。

水平装卸法在港口是以拖车挂车和叉车为主要装卸设备；在车站主要采用叉车或平移装卸机的方式，在车辆与挂车间或车辆与平移装卸机间进行换装，集装箱装卸作业的配套设施有：维修、清洗、动力、照明、监控、计量、信息和管理设施等。在工业发达国家集装箱堆场作业全自动化已付诸实施。

3. 框架作业法

管件以及各种易碎建材，如玻璃产品等，一般适用于各种不同集装框架实现装卸机械化，以确保装卸质量、降低装卸过程中的损耗，提高装卸效率。框架通常采用木制或金属材料制作，要求有一定的刚度、韧性，质量较轻，以保护商品、方便装卸、有利运输作业。

4. 货捆作业法

货捆作业法是用捆装工具将散件货物组成一个货物单元，使其在物流过程中保持不变，从而能与其他机械设备配合，实现装卸作业机械化木材、建材、金属之类货物最适于采用货捆作业法，带有与各种货棚配套的专用吊具的门式起重机和悬壁式起重机是货捆作业法的主要装卸机械，叉车、侧叉车、跨车等是配套的搬运机械。

5. 滑板作业法

滑板是纸板、纤维板、塑料板或金属板制成，与托盘尺寸一致的、带有翼的平板，用以承放货物组成的搬运单元。与其匹配的装卸作业机械是带拉器的叉车。叉货时推拉器的钳口夹住滑板的翼板（又称勾百或卷边），将货物运上货叉，卸货时先对好位，然后叉车后退、推拉器前推，货物放置就位。滑板作业法虽具有托盘作业法的优点且占用作业场地少，但带推拉器的叉车较重、机动性较差，对货物包装与规格化的要求很高，否则，不易顺利作业。

6. 网袋作业法

将粉粒状货物装入多种合成纤维和人造纤维编织成的集装袋、将各种袋装货物装入多种合成纤维或人造纤维编织成的网络、将各种块状货物装入用钢丝绳编成的网，这种先集装再进行装卸作业的方法称为网袋作业法。适宜于粉粒状货物、各种袋装货物、块状货物、粗杂物品的装卸作业。网袋集装工具体积小、自重轻，回送方便，可一次或多次使用。

7. 挂车作业法

挂车作业法是先将货物装到挂车里，然后将挂车拖上或吊到铁路平板车上的装卸作业方法。通常将此作业完成后形成的运输组织方式称背负式运输，是公铁联运的常用组织方式。

（四）散装作业法

散装货物装卸方法通常可分为重力法、倾翻法、机械法、气力输送法。

1. 重力法

重力法是利用货物的位能来完成装卸作业的方法。它主要适用于铁路运输，汽车也可利用这种装卸作业法。重力法装车设备有筒仓、溜槽、隧洞等几类。重力法卸车主要指底门开车或漏斗车在高架线或卸车坑道上自动开肩车门、煤或矿石依靠重力自行流出的卸车方法。

2. 倾翻法

倾翻法是将运载工具的载货部分倾翻因而将货物卸出的方法。主要用于铁路敞车和自卸汽车的卸载方法，汽车一般依靠液压机械装置顶起货厢实现卸载的。

3. 机械法

机械法是采用各种机械，使其工作机构直接作用于货物，如通过舀、抓、铲等作业方式达到装卸目的的方法。常用的机械有胶带输送机、堆取料机、装船机、链斗装车机、单斗和多斗装载机、挖掘机及各种抓斗等。

在以上3种装卸作业法中，集装作业法和散装作业法都是随物流量增大而发展起来的，并与现代运输组织方式（如集装箱运输）、储存方式（如高层货架仓库）等相互联系，互为条件、互相促进、相互配合，加速了物流现代化进程。

三、装卸作业组织工作

装卸作业组织工作应尽量通过运用现代装卸技术方法，提高实际作业质量和效率。组织工作水平高低，直接关系到装卸工作质量、装卸工作效率，对提高车辆生产率、加速车辆周转、确保物流效率都有十分重要的作用。

（一）车辆装卸作业的时间构成

车辆因完成货物装卸作业所占用的时间，是车辆停歇时间的组成部分，称为车辆装卸作业停歇时间，它主要由以下几部分时间组成。

（1）车辆到达作业地点后，等待货物装卸作业的时间。

（2）车辆在装卸货物前后，完成调车、摘挂作业的时间。

（3）直接装卸货物的作业时间。

（4）与运输有关商务活动等的作业时间。

其中：车辆等待装卸作业的时间属于非生产性作业时间，它的时间长短取决于作业点的装卸能力、需要进行装卸作业的车辆数量及组织管理水平。如果装卸能力大于或等于需装卸作业车辆的工作量时，则车辆等待装卸时间一般不应当发生；只有当车辆到达很不均衡，某段时间内车辆过度集中时，才会使某段时间内装卸能力小于所需要进行装卸车辆数的工作量，从而出现车辆等待现象。装卸能力若小于需要进行装卸车辆数的工作量并达到一定程度时，不仅会产生严重的车辆等待装卸现象，甚至使得装卸作业现场产生混乱和阻塞现象，甚至使装卸作业无法进行。车辆进行调车、摘挂作业时间，取决于装卸场地及设施设计、布局的合理性，装卸作业线的排列与长度，车辆运行组织方式、进出口通道的完善程度等因素。对于装卸车辆数很多，涉及装卸设施、设备配备的装卸现场，可以用系统工程方法进行有关的规划与布局工作。

装卸作业时间取决于货物的特性、形态，装卸机械化程度、装卸组织工作水平等因素。高效率的现代化装卸手段和装卸组织工作，能保证货物装卸质量、装卸效率以及减少装卸成本。缩短装卸作业时间，通常也缩短了车辆装卸货物的停歇时间。现代化装卸手段的配备与运用，必须注意与货物特性、形态以及运输车辆、承载器具等相匹配与协调。

办理商务作业时间的长短，取决于承托双方业务上的协作、联系以及作业的繁简程度，与整个装卸组织中的工作程序设计也有很大关系。必须办理商务手续，可采用平行作业法，即在车辆进行装卸作业的同时进行。此外，还应尽可能采用计算机或联网的在线综合信息系统进行处理。

（二）卸装作业的基本要求

为了提高物流质量和效率，装卸作业还应当注意以下几项要求。

（1）减少不必要的装卸环节从物流过程分析，装卸作业环节不仅不增加货物的价值和使用价值，反而有可能增加货物破损的可能性和相应的物流成本。系统地分析研究物流过程各个装卸作业环节的必要性，取消、合并装卸作业和次数，避免进行重复的，或可进行也可不进行的装卸作业，这是减少不必要装卸环节的重要保证。

（2）提高装卸作业的连续性必须进行的装卸作业应按流水作业原则运作，各工序间应密切衔接；必须进行的换装作业，也应尽可能采用直接换装方式。

（3）相对集中装卸地点装载、卸货地点的相对集中，可以提高装卸工作量，易于采用机械化作业方式。在货物堆场上，应将同类货物的作业集中在一起进行，以便于采用装卸作业的机械化、自动化作业。

（4）力求装卸设备、设施、工艺等标准化为了促进物流各环节的协调，就要求装卸作业各工艺阶段间的工艺装备、设施、效率与组织管理工作相协调。装卸作业的工艺、装备、设施、货物单元或包装、运载工具、集装工具、信息处理等作业的标准化、系列化、通用化，这是装卸作业实现机械化、自动化的基本前提。

（5）提高货物集装化或散装化作业水平成件货物集装化，粉粒状货物散装化是提高作业效率的重要方向。所以，成件货物尽可能集装成托盘系列、集装箱、货捆、货架、网袋等货物单元再进行装卸作业。各种粉粒状货物尽可能采用散装化作业，直接装入专用车、船、库。不宜大量化的粉粒状货物也可装入专用托盘箱、集装箱内，提高货物活化指数，便于采用机械设备进行装卸作业。

（6）做好装卸现场组织工作使装卸现场的作业场地、进出口通道、作业线长度、人机配置等布局设计合理，能使现有的和潜在的装卸能力充分发挥或发掘出来。避免由于组织管理工作不当造成装卸现场拥挤、阻塞、紊乱现象，确保装卸工作能够安全顺利地进行。

（三）装卸组织工作

公路货物运输组织工作要不断谋求提高装卸效率、加速车辆周转的方法，因此，除了强化硬件手段的构成之外，在装卸工作组织方面也要予以充分重视。做好装卸组织工作，通常可采用3条途径：①是设计科学合理的装卸作业工艺；②是采用现代化的装卸机械设备；③是加强对人力、设备、工艺的组织。

（1）制定科学合理的装卸工艺方案。装卸作业是货物、设备设施、劳动力、作业方法和信息工作等因素组成的整体。装卸工艺方案应该从物流系统角度分析制定与装卸作用有关的装卸作业定额。按组织装卸工作的要求分析工艺方案的优缺点，并加以完善。

货物装卸作业采用不同的工艺方案，对于车辆装卸作业、停歇时间会有很大影响。当采用"就近装卸"方法时，即车辆到达卸车作业地点后，先就地卸货、待卸完货车离去后，再将卸下货物搬运至堆存地点；或事先将待装货物搬运至装货地点，车辆到达后可直接装车。这种情况在物品存放地点与装车地点或卸车地点较远且道路条件不便车辆通行时方可采用，这种作业方法与"作业量最小"原则相违背。在进行装卸工艺方案设计时往往必须综合考虑，尽量减少"二次搬运"和"临时停放"，使搬运次数尽可能减少，这是装卸合理性的基础。

（2）加强装卸作业调度指挥工作。加强装卸作业调度指挥工作，对合理使用装卸机具、劳动力、提高装卸质量和效率有很大的关系。装卸调度员应根据货物信息、装卸设备的性质、数量、车辆到达时间、装卸工人、装卸点的装卸能力、技术专长、体力情况等合理调配组织。在装卸量大，装卸劳动力充沛、货物条件许可的情况下，可采用集中出车、一次接送装卸工人的方法。对于作业点分散的地区，可以划分装卸作业区、通过加强装卸调度工作，以减少装卸工人的运送调遣。

（3）加强和改善装卸劳动管理。制定各种装卸作业时间定额是加强和改善装卸劳动管理、提高装卸效率的重要手段。所谓装卸作业时间定额是指在一定装卸技术组织条件下，装卸不同品种单位质量货物所需要的作业时间。

一定装卸技术组织条件是指装卸车辆、装卸设备、装卸方法、装卸工人及技术水平、作业环境等因素。装卸作业时间定额要建立在先进合理的水平上，并要根据相关条件的变化，定期加以修订完善。

（4）加强现代通信系统应用。水平移动通信应用水平或固定通信系统应用水平对装卸作业组织工作有重要的影响。及时掌握车辆到达时间等有关信息，是减少车辆等待装卸作业时间的有效措施。应当根据有关技术条件的应用情况，建立车辆到达预报系统，根据车辆到达时间、车号、货物名称、收发单位等的报告，事先安排装卸机具和劳力，做好装卸前的准备工作，保证车到即可及时装卸。

（5）提高装卸机械化水平。要从物流系统的组织设计做起，使得车辆、装卸机具、仓库等移动设备、固定设备的设计合理，从而可以提高装卸质量、装卸效率、减少装卸成本。提高装卸机械化水平的同时，要提高现代通信水平，这是做好装卸工作组织和做好物流工作的重要技术组织基础。

（6）应用数学方法改善装卸劳动力的组织工作。采用数学方法改善装卸劳动力的组织工作也是一种有效的途径。在短途运输的循环线路上，可应用数学方法安排装卸工人，采取既定点又随机的方式来调度装卸劳动力。这个方法的原则是：当固定于某循环线路上的运行车辆数大于或等于装卸作业点数时，可根据各作业点所需装卸定员数派出，并进行定点作业，在上下班前后由车辆一次接送，而不采用随车装卸的办法；当固定于某循环线路上运行的车辆数小于装卸作业点时，可视各装卸作业点所需装卸定员数，根据由大到小（或由小到大）的顺序编号，再选择与派车数目相同（或选择派车数与作业点数差值）的编号数随车装卸。对某装卸作业点的定员人数与随车人数出现差额的情况，可再另向该装卸作业点派出与差额数相当的装卸工人定点予以补充。这种方法在循环线路较短、循环次数较多的情况下效果较为显著。

第四节 整车货物运输单据与运杂费结算

一、货物托运单

货物托运单是发货人托运货物的原始依据，也是车站承运货物的原始凭证，它明确规定了承托双方在货物运输过程中的权利、义务和责任。货物托运单注明了托运货物的名称、规格、件数、包装、质量、体积、货物保险价和保价值、发收货人姓名和地址、货物装卸地点及承托双方有关货运事项。车站接到发货人提出的货物托运单后，应进行认真审查，确认无误后办理登记。

二、货票与运杂费结算

发货人办理货物托运时，应按规定向车站交纳运杂费，并领取承运凭证货票。

货票是一种财务性质的票据，是根据货物托运单填写的。公路货物运输货票内注明了货物装卸地点，发收货人姓名和地址，货物名称、包装、件数和质量，计费里程与计费质量，运费与杂费等。始发站在货物托运单和货票上加盖承运日期之时起即算承运，承运标志着企业对发货人托运的货物开始承担运送义务和责任。

货主向运输部门支付托运货物的基本费用即为运费；公路货物运输部向货主收取运费以外的其他费用称为杂费；运费和杂费总称为运杂费。

一般情况下，运杂费核算可按如下作业程序进行。

（1）根据托运单和运输线路，确定计费里程。

（2）确定货物的货运种别，查得规定的运价（或费率）。

（3）按"价规"确定货物的计费质量。

（4）根据下列公式算出运费。

$$F = wlp$$

式中：F ——运费，单位为元；

w ——计费质量，单位为吨；

l ——计费里程，单位为千米；

p ——运价，单位为元／（吨·千米）。

（5）根据具体情况确定杂费项目，并按"价规"计算杂费。

（6）累计运费与杂费，确定运杂费。

三、行车路单的管理

行车路单是整车货物运输营运车辆据以从事运输生产的凭证，是整车货物运输生产中一项最重要的原始记录。它是企业调度机构代表企业签发给汽车驾驶员进行生产的指令。当前不少省、区所使用的行车路单还是在省（区）内各专业公路货物运输企业加注燃料、进行修理或紧急救援、供应食宿的依据。因此，行车路单除具有工作指令、原始记录的作用之外，还在各专业公路货物运输企业之间结算有关费用，免费服务等方面起着"有价证券"的作用。所以，行车路单的管理，是整车货物运输企业生产管理和经济管理中一项非常重要的工作。

从行车路单所起的作用和使用程序分析，它的管理工作应采用"分工协作"的方法。即由企业的计划统计部门、业务调度部门、物资供应部门与车队、车站领导共同负责，管好行车路单。

按其使用程序其分工为：计划统计部门负责行车路单的印制，发放，对路单所包含的内容进行设计和规定填写要求：将印制好的行车路单（固定车号使用的或不固定车号使用的）发给各车队统计员，由车队统计员负责保管。如果是使用固定车号行车路单，则由车队统计员按车号定量分发给同号单车。行车路单由车队调度员签发，车辆完成任务回队后、由车队调度员审核，经审核无误的行车路单，才能交车队统计员复核、统计，记入统计台账，计算运输工作量及运行消耗和各项经济技术指标。由此可知，行车路单管理的重点在车队，即车队统计员、调度员必须切实做好这一管理工作。

行车路单的管理必须坚持做到以下几个方面。

（1）路单必须严格按顺序号使用，要采取有效措施防止空白路单的丢失。

（2）每一运次（或每一工作日）回队后必须将完成运输任务的路单交回，不允许积压、拒交。

（3）行车路单内各项记录必须按要求填准、填全，车队调度员对交回的路单各项记录负初审责任。

（4）企业规定的路单使用程序、管理方法必须严格执行。

路单管理制度能否真正地贯彻执行，关键在于各级领导的责任心，即自经理起至车队领导的各级负责人都应严格执行企业公布的管理制度，大力支持各级业务人员职责范围内的工作，不断听取群众的合理化建议，不断改革管理工作中的薄弱环节，切实地做好路单管理工作。

第五节 案例分析

义乌货运站管理模式分析

1990年6月，义乌市成立联托运行业治理整顿指挥部，对全市联托运行业进行了8个月的整顿，规范了经营行为。1992年初，占地35亩的北方联托运市场动工建设，同年底投入使用，市场内集中了义乌往北方向的54家托运点。1995年占地75亩，规模更大，设计更合理的南方联托运市场启用，它纳入义乌往南方向的60多家托运点。1996年、1998年义乌货运市场两次被评为全国文明汽车货运站。1999年占地73亩的江东货运市场一期工程投入使用，进一步完善了货运市场布局。联托运线点已从20世纪90年代末期的57家增至目前的206家，联托运网络已辐射全国除台湾地区以外的所有省、市、自治区的近200多个大中城市，日均发货量约1500吨。

每天数以万计的商品从义乌流向全国各地，其中还有不少是流向全世界的。走进义乌货运站，映入眼帘的是A、B、C、D四个分区编码，每个区里的仓库是对立的两排，其中A、B区是小型轻件货物的仓库区，C区是大件重型库区，D区则主要是外贸库区。走进A、B区你会发现这些成片的仓库还分成许多小仓库，而且这些小仓库一般都宽5米，长10米，前后是卷闸门，两侧是用来与其他仓库分隔的墙，还有一部分是宽10米的仓库，每个小仓库都有独立的通道，并且设立独立的柜台，标明货发往的方向。小仓库里几乎就没有货物，这与仓库口忙碌的场景形成截然反差。在这里到处可见从大货车上卸下后就直接往各自的卡车上装货，或者是以人力车，小货车直接搬运到大卡车。在货运站的门口设有计算机处理系统，对进出的货物进行登记，计算机处理系统的工作人员说，货物中心各小仓库的经营者大都是由货物所发往省市的当地人经营，货运站的人员编制在运输方面很少。这就是义乌货运站经营模式。这种模式的主要特点如下。

（1）大卡车、小货车、人力车综合的运输模式。由于商品市场与货运站的距离在2千米左右，在轻件货物运输上，人力车绝不逊色于小货车。由于人力车的费用比小货车低廉，加上人力车一般不受堵车的影响，在很多情况下运输比小货车快。因此，一般的货主都选择人力车，大卡车则主要用于运输重大件、多票车拼车或者在自己所运输的货物可以形成一大卡车，并且各种货物都在同一个供货仓库里发运的时候采用。

（2）根据货物的性质和流向，国内国外进行仓库的分区。在短距离、轻件货物的装卸上，人工操作绝对不比现代化的装卸工具逊色，而且费用低，因此，将大件货物及国际流向的货物另外进行分区，这样不仅使企业的物流成本下降，而且使整个货运站的车流非常有秩序，使物流作业更安全。

（3）按照货物流向的国内区域划分仓库。由于货主采购成交的时间有先后，这种定向小仓库可以弥补大仓库利用率不高的问题，由于每个小仓库面对的是一个省市的商品，这使得小仓库的利用率提高，同时也提高了卡车的装载率，提高了机械设备的利用率。

（4）在运输人员编制上，只编制了大卡车司机和部分小货车司机，将穿梭于街道上的人力车运输人员排除在外，这种编制弥补了一岗一人的缺陷。由于发往各地的货量不一，用大卡车可以将同一个方向的货物进行拼车运输；小货车则主要是负责货运站到火车站的运输任务，总体而言，其运输任务较轻，因此编制时就相应减少了；人力车则由其他的部门管理，加上这几年农民外出打工的兴起，使得人力车的供给大于需求，这在客观上使货运站不会面临人力车短缺的风险，另外的一个原因是货主大都是自己雇人力车将货物送达货运站，这在无形中减轻了货运站从市场运往厂站的运量。这种编制使货运站的成本进一步降低，同时也简化了人事管理。

（5）货物中心各小仓库的经营者大都是由货物所发往省市的当地人经营。由于中国人的乡情比较浓厚，所以把自己的货交由同乡运输保管时心里比较踏实。货运站的这种经营模式正是迎合了中国的这一传统。

小商品是义乌经济的枢纽，义乌货运站正是利用这一特点来建立自己的物流经营模式。由于立足自己的特色，义乌货运站目前的经营模式可以说是相当成功的。据悉，货运站下一步的打算是将D区的国际物流分离出去，建立起义乌国际物流中心。随着物流在中国的经济发展中将扮演越来越重要的角色，物流企业间的竞争将越来越激烈，但对于物流模式的选择，企业首先应该将自己的经营模式与当地经济特色结合起来考虑，只有这样才能使自己在激烈的竞争中抢得先机。

相关资料：繁忙的义乌联托运

义乌联托运以中国小商品城丰富的货源、庞大的市场营销网和周边省市区域物流为依托，以其巨大的货运量，整体经营规模，独特的运输方式在国内货运市场占有相当的地位。每天5 000吨以上货物，从136条线路直达国内250多个大中城市。每天20多个铁路中转站组织50多个车皮货物经铁路行包专列、五定班车驶向东北、西北、西南和广州、北京等地。每天有200多个标箱货物，经上海、宁波、温州港以及内陆9个口岸，辐射东南亚和非洲、欧洲、南北美洲等地。每天停留在南方联、北方联、江东货运场、东方停车场共计约有1000辆返程车、过境车，为义乌联托运提供廉价的货运服务。有203家托运处、130家卸货点、100多家外运机构共计万余人，从事国内、外货运代理、装卸分送等业务。

方便、快捷、安全、价廉的货运优势使义乌联托运形成物流结点，东阳、永康、宁波等周边县市，江苏、福建、江西等周边省货物到义乌中转运量占义乌货运总量1/5以上。

海关临时监管点的成立，使义乌货运得到直接通关、转关和商检等一条龙服务，使义乌联托运功能更加完善。

第四章　道路交通集装箱货物运输管理

第一节　集装箱概述

集装箱运输是交通运输现代化的组成部分，是对货物运输的一场革命，伴随着现代社会物流业的迅猛发展，集装箱运输作为运输的一个重要形式，在现代物流组织中越发显得重要。本章将通过四节的内容，详细介绍集装箱的基本知识、集装箱运输、集装货物拼装和公路集装箱运输等，通过学习使人们较为系统地掌握组织集装箱运输的基本知识和一般作业程序。

集装箱运输是一种现代化的运输方式，是一种机械化、自动化的运输生产，它使货物流通过程中各环节发生重大变革，被称为"运输革命"。

一、集装箱的定义及分类

（一）集装箱的定义

集装箱在台湾、香港也称为"货柜（container）"，是一种可供多种运输的大型化包装容器。

关于集装箱的定义，在各国的国家标准、各种国际公约和文件中，都有具体的规定。在处理业务问题时，尤其是在国际贸易中处理索赔、共同海损以及保险等业务的责任划分时，与集装箱定义有密切的关系。

（1）《国际标准化组织》（International Standardization Organization，ISO）的定义1968年，ISO第104技术委员会起草的国际标准（ISO/R 830-1968）《集装箱名词术语》中，给集装箱下了定义，后来对该定义作了多次修改。国际标准化组织（ISO 830-1981）对集装箱的定义为，集装箱是一种运输设备：①具有耐久性和足够的强度，可以反复使用；②经专门设计，便于以一种或多种运输方式运输货物，无须中途换装；③具有快速装卸和搬运的装置，特别便于从一种运输方式转移到另一种运输方式；④便于货物装满和卸空；⑤具有1立方米及以上的容积。

集装箱这一术语，不包括车辆和一般包装。

（2）《国际集装箱安全公约》（International Convention for Safety of Container，CSC）的定义 1992 年修正的 CSC 第 2 条中，对集装箱定义为，集装箱是一种运输设备：①具有耐久性和足够的强度，适合反复使用；②经专门设计，便于以一种或多种运输方式运输货物，无须中途换装；③为了紧固和（或）便于装卸，设有角件；④4 个外底角所围闭的面积应是或者至少为 14 平方米；如顶部装有角件，则至少为 7 平方米。

集装箱这一术语，不包括车辆和包装，但集装箱在底盘车上运送时，则底盘车包括在内。

（3）《集装箱海关公约》（Customs Convention On Containers，CCC）的定义集装箱是一种运输设备（货箱、可移动货罐或其他类似结构物）：①全部或部分封闭而构成装载货物的空间；②具有耐久性，因而其坚固程度能适合于重复使用；③经专门设计，便于以一种或多种运输方式运输货物，无须中途换装；④其设计便于操作，特别是在改变运输方式时便于操作；⑤其设计便于装满与卸空；⑥内部容积在 1 立方米及其以上。

集装箱包括有关型号集装箱所适用的附件和设备，而不包括车辆（车辆附件和设备）或包装。

《中国国家标准》的定义我国国家标准（GB 1992-1985）《集装箱名词术语》中，全面引用了国际标准化组织的定义。

（二）集装箱的分类

目前国内外，使用的集装箱种类很多，常用以下几种分类方法。

1. 按使用材料分类

集装箱的材质要有足够的刚度和强度，应尽量采用质量轻、使用年限长、强度高、维修费用低、价格便宜的材料为宜。现有的国际标准集装箱按使用材料分为 4 类：钢质集装箱、铝合金集装箱、玻璃钢集装箱和不锈钢集装箱。

（1）钢质集装箱。该类集装箱的最大优点是强度大、结构稳、焊接性和水密性均好，且价格低廉。其缺点是自重大，易腐蚀、生锈，故维修次数多，维修费用高，使用年限较短，一般为 11 ~ 12 年。

（2）铝合金集装箱。铝合金集装箱一般都是采用铝镁合金，该类集装箱的最大优点是自重轻，比钢质集装箱轻 20% ~ 25%，且不生锈，外表美观，铝镁合金还在大气中自然形成氧化膜，可防止腐蚀；同时它的弹性好，变形后易恢复；加工方便，加工费用低；维修费用也比钢质箱低；使用年限长，一般为 15 ~ 16 年。该种集装箱的最大缺点是造价高、焊接性能差，其价格比钢质箱贵 30% 左右。

（3）玻璃钢集装箱。该种集装箱是在钢制的集装箱框架上镶装上玻璃钢复合板构成的。玻璃钢复合板主要用于制作侧壁、端壁、箱顶板和箱底板。该种类型集装箱的特点是强度大、刚性好。内容积增加 7% ~ 10%、玻璃钢的隔热性、防腐性、耐化学性都比较好，能防止箱内产生结露现象，有利于保护箱内货物不遭受湿损。玻璃钢板可以整块制造，防水性能好，且容易清洗，最适合作兽皮集装箱和动物集装箱用。此外，玻璃钢集装箱还具有不生锈、容易着色的优点，故外表美观，且维修简便，维修费用也低廉。

由于玻璃钢具有上述一系列优点，可用于生产下列几类集装箱：①杂货集装箱；②冷藏集装箱；③罐式集装箱；④通风集装箱；⑤兽皮集装箱；⑥散货集装箱；⑦动物集装箱；⑧航空集装箱。

该类集装箱的主要缺点是自重较大，与普通钢质集装箱相近，成本比相同规格的钢质集装箱高 44%～50%。

（4）不锈钢集装箱。不锈钢是一种新型集装箱材料，其优点为：强度大，不生锈，外表美观；在整个使用期限内，无须进行维修保养，故使用率高；耐腐蚀性能好。其缺点为：价格高，初始投资很大；材料少，要大量制造有一定困难。目前一般都用其制造罐式集装箱。

2. 按结构分类

集装箱按结构可分为整体式集装箱、台架式集装箱、罐体式集装箱、折叠式集装箱和软式集装箱。

（1）整体式集装箱为整体的刚性结构，一般具有完整的箱壁、箱顶和箱底，如通用集装箱、封闭式通风集装箱、保温集装箱、干散货集装箱、冷藏集装箱等。

（2）台架式集装箱一般呈框架结构，没有壁板和顶板，如全骨架台架式集装箱、敞侧台架式集装箱，有完整固定端壁或固定角柱的台架式集装箱，有时甚至没有底板，如汽车集装箱。台架式集装箱主要特点是：为了保持其纵向强度，箱底较厚。箱底的强度比普通集装箱大，而其内部高度则比一般集装箱低。在下侧梁和角柱上设有系环，可把装载的货物系紧。台架式集装箱不防水，无水密性，对怕湿损的货物不宜装运，它适合装载形状不一的货物。

（3）敞侧台架式集装箱没有刚性侧壁，也没有像通用集装箱那种能承受箱内载荷的等效结构（系指具有像侧壁那样的强度，但不一定要有像侧壁那样的风雨密性）。

（4）全骨架台架式集装箱带有完整的上部结构，无侧壁，敞顶，无端壁，顶部两端具有永久性固定的纵向结构的全骨架台架。

（5）有完整固定端壁或固定角柱的台架式集装箱，该种集装箱除有箱底外，端与端之间无永久固定的纵向结构，但有完整的固定端壁或固定角柱。

（6）汽车集装箱。汽车集装箱是在简易箱底上装一个钢制框架，通常没有箱壁（包括端壁和侧壁）。

汽车集装箱有单层（只装一层）的和双层的 2 种。一般汽车（指小轿车）的高度为 1.35～1.45 米，如装在 8 英尺（2438 毫米）高的标准集装箱内，其箱容要浪费 2/5 以上的容积，因此，汽车是一种不经济的装载货。为了提高其箱容利用率，常见的有装双层的汽车集装箱，双层汽车集装箱其高度有 2 种，一种为 10.5 英尺（3200 毫米），另一种为 17 英尺（3886.5 毫米），即 8.5 英尺高的 2 倍。因此，汽车集装箱一般不是国际标准集装箱。

（7）罐体式集装箱外部为刚性框架，以便堆放，内有罐体，适于装运液体、气体和粉状固体货物。罐体顶部设有入孔，用于货物装卸，装卸口的盖子水密性好，罐底设有排出阀。罐的结构便于拆卸和容易清扫。另外，罐上还设有安全阀和梯子，罐顶有脚踏板，便于人员在顶上操作。

（8）折叠式集装箱其主要部件（指侧壁、端壁和箱顶）能够折叠或分解。在回空和保管时能缩小集装箱的体积。但由于其主要部件是铰接的，故其强度受到一定的影响。

（9）软式集装箱是指用橡胶或其他复合材料制成的有弹性的集装箱。其优点是结构简单，空状态时体积不大，自重系数小。

3. 按用途分类

按货物品类与运载工具的不同，集装箱可分为普通货物集装箱、特种货物集装箱和航空集装箱。

（1）普通货物集装箱是指除特种货物集装箱及航空集装箱以外的各类集装箱的总称。又可分为通用集装箱和专用集装箱。

1）通用集装箱也称干货集装箱或杂货集装箱，除液体、需要调节温度的货物及特种货物外，适于装运大多数普通货物，如文化用品、日用百货、医药、纺织品、工艺品、化工制品、五金交电、电子机械、仪器及机器零件等。这种集装箱使用范围极广，常用的有20英尺和40英尺两种，其结构特点是常为封闭式，一般在一端或侧面设有箱门。

2）专用集装箱是指为便于大件、易碎货物装运，或为通风等特殊用途而设有独特结构的普通货物集装箱，包括通风集装箱、敞顶集装箱、台架式集装箱和平台集装箱。

通风集装箱的：外表与杂货集装箱相同，一般在侧壁或端壁上设有4～6个通风孔适于装载不需要冷冻而需要通风、防止潮湿的货物，如食品等。

敞顶集装箱：没有刚性箱顶的集装箱，但有可折叠式顶梁支撑的帆布或涂塑布制作的顶篷。敞顶集装箱适于装载大型货物和需吊装的重货。如钢铁、木材、易碎品等。

平台式集装箱：是仅有底板而无上部结构的一种集装箱。该集装箱装卸作业方便，适于装载长、重、大件货物。

（2）特种货物集装箱是指用于装运需控温货物、液体和气体货物、散货、汽车和活动物等特种货物的集装箱。如需要控制温度的货物（如冻鱼、冻肉、鲜奶、鲜蛋、水果、蔬菜等）装运的冷藏集装箱、保温集装箱；专门用于装运各类酒类、油类、液体食品、化学药品等液体货物的罐式集装箱；用于装运无包装的固体颗粒状或粉状货物的干散货集装箱和按货物命名的集装箱，如汽车集装箱、动物集装箱、兽皮集装箱、服装集装箱等。

动物集装箱是一种装运鸡、鸭、鹅等活家禽和牛、马、羊、猪等活家畜用的集装箱。为了遮蔽太阳，箱顶采用胶合板覆盖，侧面和端面都有用铝丝网制的窗，以求有良好的通风。侧壁下方设有清扫口和排水口，并配有上下移动的拉门，可将垃圾清扫出去。

（3）航空集装箱是指与航空运输有关的集装箱，目前航空运输中使用集装箱大部分是10英尺和20英尺两种类型。包括空运集装箱、空陆集装箱和空陆水联运集装箱。

4. 按总重分类

集装箱按总重可分为大型集装箱（总重 ≥20 吨）、中型集装箱（5 吨 ≤ 总重 <20 吨）和小型集装箱（总重 <5 吨）。有时也可直接根据集装箱的总重来称呼集装箱，如 1 吨箱、5 吨箱、10 吨箱等。

二、集装箱标志及技术参数

（一）集装箱标志

为了在集装箱运输过程中，便于识别管理、编制运输文件和信息的传输和处理，必须在集装箱箱体上标打标志，标志要求清晰、易辨、耐久。国内使用的集装箱按国家标准打；国际间使用的集装箱按国际标准 IS06346-1995 标打。主要标记有以下几种。

1. 箱主代号

箱主代号是表示集装箱所有人的代号，用 4 个大写拉丁字母表示，前三位由箱主自己规定，为了区别其他设备，第四个字母规定用 "U"（U 为国际标准中海运集装箱的代号）。箱主在使用集装箱前应向本国主管部门注册登记以避免重号。国际间使用的集装箱，箱主应向国际集装箱局注册登记。我国铁路集装箱箱主代号是 TBJU，T—铁路，B—部，J—集装箱，U—国际标准中海运集装箱的代号。

2. 顺序号和核对数字

顺序号又称集装箱的箱号，用 6 位阿拉伯数字表示，如果有效数字不足 6 位时，则在数字前加 "0"。如有效数字为 123，则集装箱号应为 000123。核对数字，是由一位阿拉伯数字表示，位于六位箱号之后，置于方框之中。设置核对数字的目的，是为了防止箱号在记录时发生差错。因此，核对数字是箱主代号和顺序号在传输或记录时验证其准确性的手段。

3. 国家和地区代号

国家和地区代号用 2 个或 3 个拉丁字母表示，用于说明集装箱的登记国。

4. 尺寸和类型代号

国标准化组织规定尺寸和类型代号由 4 个阿拉伯数字组成，前两位为表示尺寸的特性，其中第一位数字表示集装箱的长度，第二位数字表示集装箱的高度和有无鹅颈槽（单数为有鹅颈槽，双数为无鹅颈槽）。后两位数字表示集装箱的类型。

5. 额定重量和空箱重量

最大总量用 MAXGROSS: XXXXX（千克）表示，是集装箱的自重与最大载货量之和，它是一个常数，任何类型的集装箱装载货物后，都不能超过这一质量。箱重用 TARE XXX（千克）表示，是指集装箱的空箱质量。集装箱的额定重量和空箱重量应标于箱门上，国际标准化组织要求用英文 "MAXGROSS"（或 MGW）和 "TARE" 表示，两者均以 "千克"

和"磅"同时标记。

（二）我国集装箱的标记

在我国，1978 年制定了货物集装箱的国家标准。在我国的国家标准中，集装箱重量系列采用 5 吨、10 吨、20 吨和 30 吨四种，相应的型号为 5D、IOD、ICC、IAA。国家标准中规定 5D 和 10D 集装箱主要用于国内运输，ICC 和 IAA 集装箱主要用于国际运输，国家标准中的 ICC 和 IAA 集装箱与国际标准一致。

集装箱的规格较多，为便于统计和计算，国际上是以 20 英尺的集装箱作为计算单位（TEU）。例如，一只 40 英尺的集装箱为 2 个 TEU，因此，20 英尺的集装箱称为标准箱。在国际运输中，集装箱船舶的载运量，码头、堆场的通过能力和装卸、搬运机械的生产效率等都是以标准箱来计算的。

1. 箱主代号

箱主代号采用汉语拼音字母表示，如铁道部为 IB，交通部为 JT，外贸部为 WM，商务部为 SB 等。为便于实现集装箱运营管理自动化和向国际统一标记代号靠拢，箱主代号用 4 个大写的拉丁字母表示，第四个字母 U，如 TBJU、SBJU 分别表示铁道部和商业部所属的集装箱。我国铁路"集装箱现仍用 TJ 作代号"，不过也正向 TBJU 过渡。

在铁路上运用的企业自备集装箱的箱主代号由箱主按规定选定，报当地所在铁路局审核确定。箱主代号的前两位由箱主自行选定，但不要与其他箱主重名；后两位为集装箱类型的标志，通用箱 TU，冷藏箱为 LU，保温箱为 BU，危险箱为 WU，其他专用箱由铁道部另定。

2. 集装箱的顺序号

各部门可自行编号，但对企业自备集装箱有其特殊规定：前两位为省（区）代码，后两位由各铁路局统一编号。各省、自治区、直辖市行政区划代码如下。北京 11、天津 12、河北 13、山西 14、辽宁 2I、吉林 22、黑龙江 23、上海 31、江苏 32、浙江 33、安徽 34、河南 4I、湖北 42、湖南 43、四川 51、贵州 52、云南 53、西藏 54、广东 44、山东 37、内蒙古 15、江西 36、陕西 61、甘肃 62、青海 63、宁夏 64、新疆 65。

其他标记可按国际标准、国家标准和行业标准选定。

第二节 集装箱运输概述

集装箱运输是以集装箱作为运输单元进行货物运输的一种运输方式。20 世纪 50 年代以来发展很快，70 年代初进入我国。随着经济全球化，国际多式联运的发展，集装箱运输目前已成为世界物流界一种重要的运输方式。

一、世界集装箱运输发展简况

19 世纪初，英国的安德森博士提出了集装箱的设想。在英国工业革命期间，出现了因人力装卸与先进的运输工具不相适应的矛盾。为了解决这一矛盾，1830 年在英国铁路上，首先出现了一种装煤的容器及装运百杂货的大容器。这可以说是世界上最早出现的集装箱。20 世纪初期，由于世界经济的发展，集装箱在欧洲首先得到推广。1900 年，英国铁路上首先出现了较为简单的集装箱运输。后来相继传到美国、德国、法国及其他欧美国家，这一时期集装箱仅限于陆路运输，发展缓慢。到 20 世纪 50 年代中叶，美国人提出集装箱运输应该实行"陆海联运"，集装箱运输的优势才显露出来。代表性的事件是：1956 年 4 月，泛大西洋轮船公司在一艘未经改装的 T—2 型油船"马科斯顿号"的甲板上装载了 60 个大型集装箱，在纽约—休斯敦航线上首先进行海陆集装箱联运试运。从此，集装箱运输得到了迅猛的发展。出现了集装箱运输的船舶、码头泊位、集装箱装卸机械、集散的道路桥梁等硬件设施及集装箱运输的经营管理、业务管理的方法和手段等软件设施越来越现代化。具体而言，单船载箱量大型化，出现超大型集装箱船；在运输组织上，国际集装箱多式联运得到迅速发展。尤其以欧亚、北美大陆桥运输最为典型；在运输管理方面，广泛采用了电子数据交换（electronic data interchange，EDI）系统，实现了集装箱动态跟踪管理，加速了集装箱的周转，降低了用箱成本。

我国大陆的集装箱运输起步于 1973 年，是从港口接卸集装箱开始的。自 1980 年以来，我国经济对外开放，对外贸易往来日益发展，进出口货物的运输量增加并开始采用国际多式联运方式。经过多年的建设与发展，目前集装箱国际多式联运硬件条件已基本形成和趋向成熟。我国集装箱国际多式联运的软环境，如管理体制、市场培育和规范、运营组织、信息与进出口单证处理、政策法规等方面，也有明显改善；人力资源方面，已形成相当规模、具有经验较丰富的、能够开展国际贸易、处理进出口货运业务的专业队伍。目前，在我国境内参与国际货物多式联运活动的有我国中远、中外运和中海等集团公司，也有外国或中国境外包括丹麦马士基、美国海陆、日本邮船和中国香港东方海外等公司。随着西部大开发、内地经济的发展和对外贸易的强劲势头，我国的国际多式联运必将进一步发展。

二、集装箱运输的优越性

集装箱运输是社会生产大发展的产物。不仅促进了水、陆、空各种运输工具之间的联运，解决了复杂而又零星的小包装货物的零担运输问题，而且吸收大量的整车货物。随着集装箱的广泛应用，其经济效益越来越明显，这是集装箱运输能够迅速发展的根本原因。集装箱运输的优越性，具体体现在以下几个方面。

（一）保证货物运输安全

由于集装箱本身具有足够的强度和刚度，箱体结构坚固，不怕压，箱门有防雨装置，可以不动箱内货物直接进行装卸或换装，大大减少了传统运输方式中人力装卸、搬运的次数，这就可以避免人为和自然因素造成的货物破损、湿损、丢失等货损，减少经济损失，保证货物运输安全。

（二）节省货物包装材料

集装箱本身就能起到保护商品的作用，又可以实行"门到门"运输，所以集装箱运输的货物可以简化或不用运输包装，节省包装材料和费用，降低商品的成本。

（三）简化货运作业手续

货物采用集装箱运输后，以箱作为货物运输的单元，大大减少了繁杂的作业环节，简化了货运作业手续。

（四）提高装卸作业效率

由于集装箱的装卸作业适用于机械化，其装卸作业效率得到了大幅度提高。据有关部门统计，采用集装箱运输后，铁路车站装卸作业效率提高 6 ~ 10 倍，货物在站的停留时间约缩短 9 小时；海运港口的装卸效率提高十几倍，船舶停泊时间从原来的 1 周左右下降到 1 天。由于装卸效率的提高，大大缩短了集装箱在站（港）的停留时间，加速了车船的周转和货物的送达。

（五）减少营运费用，降低运输成本

铁路方面，西欧一些国家采用集装箱运输后，在整个运输过程中，与普通运输方式比较，运费降低 40% 左右。货损、货差大为减少，货物保险费也随之下降；开展"门到门"运输业务后，可大量节省仓库的建设费用和仓库作业费用等。另外，装运集装箱的车辆是骨架式专用平车，即使使用敞车，也比本该使用的棚车造价低。

（六）便于自动化管理

集装箱是一种规格化货物运输单元，这就为自动化管理创造了便利条件，但要实现集装箱运输的自动化管理，还需具备以下条件：

（1）要有大量并且稳定而集中的适箱货流。

（2）在运输全过程的各个环节上，要更新有关设备，使其适应集装箱运输的要求。

（3）要有健全的组织管理机构和严密的管理制度。

（4）要具备铁路、公路和水路联运集装箱的条件。

（5）集装箱的制造和货物的包装，要实现标准化和系列化。

具备了上述条件，集装箱运输就能取得长期的经济效果，还能进一步促进生产的发展。

三、集装箱运输的发展趋势

（1）标准化、系列化集装箱已形成国际标准的规格尺寸，各种配套的运输工具、装卸器具和货物包装尺寸都以集装箱的标准规格作为设计依据，使各种设备的能力得到充分利用，达到高效能、低消耗的效果。

（2）大型化、专用化集装箱由载重 5 吨向 10 吨发展，尺寸由 20 英尺向 40 英尺发展，并为适应各种货物特点设计制造了各种专用集装箱。如冷藏集装箱、框架集装箱、开盖集装箱、动物集装箱、汽车集装箱等。

（3）运输专业化、电子化目前许多国家的集装箱运输已自成体系，配有集装箱的专用车辆、专用船只、码头等，并开办了定时、定点、定编组的集装箱直达列车和专列，使物流得到迅速发展。由于各种装卸器具和运输设备、设施的配套，集装箱作业和管理已采用了现代化的电子新技术。

（4）联运化集装箱和各种运输设备规格的标准化，为集装箱联运奠定了基础。如今，联运规模已发展到海陆空立体联运和国际复合运输，大大减少了货物运输途中的倒装和搬运的次数，既降低了货物的在途损耗，又加快了货物周转。

（5）柔性化。柔性化本来是为实现"以顾客为中心"理念而在生产领域提出的，生产应根据消费者需求的变化来灵活调节生产工艺。进入 20 世纪 90 年代，运输客户已越来越不满足于原先那种被动适应运输需要的方式，也正在积极寻求适应自己需要的运输。客户对于运输需求的多样化，预示着运输方式应具有更大的适应性，即不能再像过去那样无法对客户的需求做出敏捷的反应，而应该是现代社会所要求的提供更"柔性"的运输服务系统，目前正在大力推进的集装箱多式联运正是顺应了这种变化。多式联运将集装箱这种现代运输方式的触角一直伸到物流的始末端，伸向企业客户，伸向消费市场。这种需求势必产生"运输支线与运输干线相连接，分流港与枢纽港相配合，大箱与小箱相配套"的集装箱运输格局。同时，集装箱箱型也呈多样化的趋势，这种多样化体现在箱子外形尺寸的多样化（如将会出现更大尺寸或更小尺寸的箱子）和箱子类型的多样化（如冷藏箱、开顶箱）。

（6）信息化。当今社会已经进入信息时代，互联网的发展，EDI（电子数据交换）技术的使用，为集装箱运输的快捷、方便、及时提供了信息平台。运输信息的及时传递，可以实现运输过程组织和信息的同时处理，从而加快了运输节奏。电子技术的发展，实现运输过程信息传递的无纸化。

四、集装箱运输涉及的关系方

集装箱运输的发展，产生了与运输相关的关系人及适合集装箱运输特点的运输体系。

（一）集装箱运输的关系方

集装箱运输是一个复杂的系统工程，是一个多环节、多活动、多部门的组合活动，涉及的关系方很多，具体有以下三方面。

（1）基本关系方包括发货人、收货人、内陆运输承运人、海上运输承运人、港口、货运站。由集装箱运输的基本关系方可完成集装箱运输的基本环节。

（2）代理方。由于集装箱运输业务处理是一个非常复杂烦琐的工作，因此，集装箱运输的基本关系方往往委托代理人来处理有关业务，由此出现了各类代理人，包括：①船代，负责订舱、接受托运申请、船期通知等与船公司有关的一切业务；②货代，代理货主办理一切业务，往往自身也承担一些运输活动和货运站业务。

（3）中立方指本身并没有具体参与某项集装箱的业务往来，只是作为政府机构行使职能或为各集装箱运输关系人提供公众服务，其包括：海关、检验检疫、银行、海事局、边防检查、港务局、引航站等。

（二）集装箱运输体系

集装箱运输是一种以集装箱为货物运送单元的现代化运输方式。集装箱运输业务的不断发展和趋于成熟，有别于传统运输方式的管理方法和工作机构也相应地发展起来，形成了一个适合集装箱运输特点的运输体系。

（1）经营集装箱运输的实际承运人。经营集装箱运输的实际承运人是掌握各种运输工具，并实际参与集装箱运输的承运人；或无运输工具，但实际参与集装箱运输的承运人。

（2）无船承运人在集装箱运输中，经营集装箱货运的揽货、装箱、拆箱、内陆运输及经营中转站或内陆站业务，但不经营船舶的经营者。

（3）集装箱出租公司，专门经营集装箱的出租业务。目前，集装箱的来源除了实际承运人的箱子、无船承运人的一部分箱子及货主自备箱外，其余为集装箱出租公司的箱子。

（4）集装箱装卸作业区办理集装箱重箱或空箱装卸、存储、保管、交接的场所，包括码头车站前方堆场和后方堆场。

（5）集装箱货运站接受船舶公司的委托，在内陆交通比较便利的大中城市设立的提供集装箱交接、中转，尤指对拼箱货物提供服务的专门场所。

五、集装箱运输作业的主要活动

在集装箱运输作业过程中涉及许多活动，所谓集装箱运输基本活动，实际上是指在集装箱运输流程中对货物或货物的载体（集装箱）所进行的一系列操作，包括货物的移动和货物与集装箱的连接与分离，由这些基本活动可构成一个完整的集装箱运输流程。这些基本活动主要有以下几个方面。

（1）与货物、集装箱连接和分离有关的装箱、拆箱、拼箱的操作可以发生在收（发）

货人所在地，也可以发生在整个运输路径的某个节点的货运站上。

（2）与使货物（集装箱）发生位移的运输活动有关的活动，主要包括将货物（集装箱）从始发地运往内陆某集散地；由集散地将集装箱经内陆集疏系统运往港口；集装箱海上运输将集装箱从目的港运往另一内陆集散地；从内陆集散地将集装箱（货物）运至收货人手中。上述各种运输活动还可进一步分解为更小的运输活动。如海上运输，除了直达运输外，还可由若干中转的几段海上运输活动组成。内陆运输也可分解为几段不同运输方式承担的运输活动。不过究竟如何，则视具体情况而定。

（3）与对集装箱体进行操作的活动包括空箱的领取与归还，集装箱堆存，对集装箱进行维修、加拆签封等。

（4）集装箱交接活动。由于集装箱运输过程是由多个不同环节构成，并由不同关系的人完成，因而集装箱交接在整个集装箱运输流程中占有相当重要的地位。

第三节　集装箱货物、拼装与交接

一、集装箱货物的分类

（一）适箱货的概念

根据集装箱的特点，装运的货物要与集装箱的结构和特征相适应。国内外一般将适合装运集装箱的货物统称为适箱货。但是适箱货的概念不是一成不变的，在很大程度上取决于集装化的程度，当集装箱运输十分发达时，其高效、快速的特点得到充分发挥，运输的成本也相应降低，这时适箱货概念的外延就会扩大，一些低值货物就有可能被吸收。目前一些西方发达国家伴随着集装箱运输业的发展，一些低值的杂货已被纳入适箱货的范畴。

（二）集装箱货物的分类

集装箱化以后，由于集装箱类型的多样性要求适箱货的多样性，通用集装箱和专用集装箱都有其各自的适箱货，所以货物分类的方法与普通货运相比有许多差异，形成了适合于这一运输方式的自有的货物分类方法，一般而言包括以下几种。

1. 按货物性质分类

（1）普通货物一般统称为百杂货，是指在货物性质上不需要特殊方法进行装卸和保管，可以按件计算的货物。其特点是货物批量不大，但其货价较高，具有较强的运费负担能力：普通杂货按其包装形式和货物的性质又可分为以下两小类。

1）清洁货又称细货或精良货，是指清洁而干燥，在积攒和保管时货物本身无特殊要求，如与其他货物混载不会损坏或污染其他货物的货物。

2）污货又称粗货，是指按货物本身的性质和状态，容易发潮、发热、风化、发臭、或者可能渗出液汁、飞扬货粉、产生害虫而使其他货物遭受严重损失的货物。

（2）特殊货物是指货物在性质上、质量上、价值上或货物形态上具有特殊性，运输时需要用特殊集装箱装载的货物，如冷藏货、活的动植物、重货、高价货、易腐货和散货等。

1）冷藏货是指需用冷藏集装箱或保温集装箱运输的货物，如水果、蔬菜、鱼类、肉类、鸡蛋、奶油、干酪等。

2）活的动植物是指活的家禽、家畜及其他植物以及树苗和其他苗木等植物。

3）重货指单件货物质量特别大，如重型机械等货物。

4）高价货是指价格比较昂贵的货物，如生丝、绸缎、丝织品、照相机、电视机以及其他家用电器。

5）危险货是指货物本身易燃、易爆、有毒、有腐蚀性、放射性等。

6）液体货是指液体或半液体货，需装在罐、桶、瓶、箱等容器内进行运输的。

7）易腐货指在运输途中因通风不良或遇高温、高湿等原因容易腐败变质的货物。

8）散货指食物、盐、煤、矿石等无特殊包装的散装运输的货物。

2. 按适箱程度分类

社会生活、生产中货物品类繁多，形态各异，价值差异很大。尽管集装箱运输发展很快，但并不是所有的货物都适合集装箱运输，根据适合装箱的程度，把货物分为以下几种。

（1）最适合装箱货。最适合装箱的货物系指货价高、运费也较高的商品。这些商品按其属性可有效地进行集装箱运输。所谓货物属性是指商品的大小、体积和质量。这一类货物有针织品、酒、医药品、打字机、各种小型电器、光学仪器、电视机、收录机、小五金类等。

（2）适合装箱货。适合装箱的货物指货价、运费较适合集装箱运输的货物，该类商品有纸浆、天花板、电线、电缆、面粉、生皮、碳精、皮革、金属制品等。

（3）边际装箱货又称临界装箱货、边缘装箱货物。这种货物可用集装箱来装载，但其货价很低，用集装箱来运输，在经济上不合算。这类货物的大小、质量、包装也难于集装化，如钢锭、生铁、原木、砖瓦等。

（4）不适合装箱货。这类货物是指那些从技术上看装箱很困难，但货流量大时要用专用运输工具（包括专用车、专用的船）运输以提高装卸效率，降低成本的货物。例如，原油、砂糖、矿砂等均有专门的油船、砂糖船及其他散货船装运。

3. 按照货主托运货物的批量是否能够装满一个集装箱分类

（1）整箱货。这是指一个货主托运的足以装满一个集装箱的货物。整箱货可由发货人自行装箱，向海关办理货物出口报关手续，经海关检验后，由海关对集装箱进行施封。一般整箱货只有一个发货人和一个收货人。

（2）拼箱货。这是指一个货主托运的不能装满一个集装箱，须由集装箱货运站或货运代理人将分属于不同货主的同一目的地的货物合并装箱的货物。拼箱货物经海关检验后，由海关对集装箱进行施封。一般拼箱货涉及几个发货人或几个收货人。

在集装箱货物运输中，为了船、车及货、箱的安全，必须根据货物的种类、性质、重量、体积、形状等选择适当的集装箱。

二、集装箱货物的拼装

（一）集装箱配载

集装箱运输减少甚至消除货损，在很大程度上取决于集装箱内的装货积攒。为了节省货物运输费用和保证货物运输安全，发货人或运输单位在编制货物积载计划时，必须满足集装箱载重量和容积的充分利用及防止货损。

为此，配载货物时应注意如下问题。

（1）轻货装在重货上面。

（2）干货、湿货不能装在同一箱内，如难以避免时，干货装在湿货上面。

（3）怕受潮的货物不能与容易"出汗"的货物同装箱内。

（4）怕吸收异味的货物，绝对不能与放出强烈气味的货物同装一箱。

（5）容易生灰尘的货物，不能与易被灰尘污损的货物同装一箱。

（6）瓶装或罐装液体货无法避免与其他干货拼装一箱时，在任何情况下，均应将前一类货物装在下面，并必须加隔垫。

（二）装箱前的集装箱检查与注意事项

集装箱在使用前，必须进行严格检查。一个有缺陷的集装箱，轻则导致货损，重则在装卸中可能发生严重的人身伤亡。集装箱检查包括3个方面的内容，即箱体结构的检查、箱体卫生条件检查和选用箱型的检查。进行完集装箱的检查就可以进行货物的装箱工作，但必须注意如下问题。

（1）装箱必须考虑方便拆箱卸货。

（2）货物重量分布必须平衡。积攒后的重心，应尽可能接近于箱的重心。以免在装卸或运输过程中发生倾斜和翻倒。

（3）硬包装货物，装箱时应当使用垫料，以免冲压其他货物或碰坏内壁。

（4）袋装货最好不要与箱装货同装一箱。不可避免时，须用垫板。

（5）带有凸出、隆起或四边不规则的包装货物，如无适当垫料，不能与其他货物装在一起。

（6）在任何情况下，都不能把货物直接固定在集装箱内部任何一个平面上。

（7）不能用不同包装的货物填塞集装箱的空位，除非这两种包装的货物，是完全适合拼装的。

（9）货物装完后，要求做到每一件货物处于松动状态。以防止集装箱发生纵向或横向倾斜时，造成货损。

三、货物的交接形式

集装箱运输中，根据整箱货、拼箱货的不同，其交接地点可以是装运地发货人的工厂或仓库和交货地收货人的工厂或仓库（door），装运地和交货地的集装箱的堆场（CY），装运地和卸货地的集装箱货运站（CFS）。因此，集装箱货物的交接方式就可能有以下9种。

（1）门到门交接（door/door），门到门交接形式习惯上只有一个发货人、一个收货人，由承运人负责内陆运输，也就是说承运人在发货人工厂或仓库接收货箱后，负责将货箱运至收货人的工厂或仓库。门到门交接的货物系整箱货，通常是采取多式联运时使用的一种交接方式。

（2）门到场交接（door/CY），门到场交接形式是在发货人的工厂或仓库接收货箱后，由承运人负责运至卸货港集装箱码头堆场交货，目的地的内陆运输则由收货人自己负责安排。门到场交接的货物也为整箱货。

（3）门到站交接（door/CFS），门到站交接形式是在发货人的工厂或仓库接收货箱后，由承运人负责运至目的地集装箱货运站交货，即整箱货接收、拼箱货交付。

（4）场到门交接（CY/door），场到门交接系指在装货港集装箱码头堆场接收货箱由承运人负责运至收货人工厂或仓库交货的交接方式，即整箱接收、整箱交付。

（5）场到场交接（CY/CY），这是一种在装货港集装箱码头堆场接收货箱，将其运至卸货港集装箱码头堆场的交接方式。

（6）场到站交接（CY/CFS），这是一种在装货港集装箱码头堆场接收货箱，将其运至目的地集装箱货运站的交接方式。

（7）站到门交接（CFS/door），这是一种在起运地集装箱货运站接收货物后，将其运至收货人工厂或仓库的交接方式。

（8）站到场交接（CFS/CY），这是一种在起运地集装箱货运站接收货物后，将其运至卸货港集装箱码头堆场的交接方式。

（9）站到站交接（CFS/CFS），这是一种在起运地集装箱货运站接收货物，并将其运至目的地集装箱货运站交付的方式。

第四节　公路集装箱运输组织

公路集装箱运输是交通运输业的重要组成部分，公路集装箱运输与其他运输方式的最大区别在于可以实现门到门的运输服务。公路集装箱运输既是一个独立的运输体系，也是铁路车站、港口和机场集散物资的重要手段，它能实行"门到门"物流服务，连接铁路、水运、空运的起点与终点。截至 2002 年年底，全国公路总里程达 176.5 万千米，基中新增高速公路里程 5 693 千米。公路运输能力稳步增长，在运营部门登记注册的公路运输汽车有 826.3 万辆、其中载客汽车 289.6 万辆，载货汽车 536.8 万辆，全国共拥有大型运输客车 16.1 万辆，大型普通运输货车 183．5 万辆（含集装箱车 3.3 万辆），全社会完成公路客运量 147.5 亿人，公路货运量 111.6 亿吨。

一、公路集装箱运输的优越性

（一）装卸、交接效率高

由于集装箱便于普遍采用机械化装卸，节约装卸作业时间，减轻劳动强度，节约人力，且交接手续简便，减少办理货物交接的时间。

（二）货物运送速度快

公路集装箱运输一般采用"门到门"的运输组织方式，减少了运输过程中多次换装作业，简化了交接手续，便于实现快速运输。

（三）货物运输安全性高

在公路集装箱运输过程中，集装箱不易失落，箱门闭锁加封，即使经过多次中转驳运，也能保证箱内货物完整无损，便于运送高价值或有特殊防护要求的货物。

（四）车辆利用效率高

由于有较高的装卸作业和交接作业效率，公路集装箱运输有利于提高车辆运行的出车时间利用系数，从而提高车辆运用效率。

（五）便于实现"门到门"运输

在公路与铁路，公路与水路，公路、水路与铁路的联合运输中，以集装箱为运输单位，可以简化手续，加快装卸、交接效率，节约运输时间，从而使各种运输方式的运载能力得到充分运用，实现"门到门"运输。

二、公路集装箱运输的类型

根据托运人托运货物的数量、性质以及使用集装箱的规格标准的不同，公路集装箱运输可以分为公路整箱货运输和公路拼箱货运输。

（1）公路整箱货运输以"箱"为单位，其装、拆箱作业一般由货主或货运代理来完成，整箱货物重量由托运人确认，货运装载重量应以不超过规定的最大允许重量和所通过的道路、桥涵所允许的负荷为限。货物在装载时应注意箱内均衡，做到重不压轻，先进后出，且不能妨碍箱门的开关。箱内货物装载完毕后，一般由货主或货运代理施封，并做好货物标记。在公路集装箱运输过程中，凭铅封进行交接，且必须编制装箱货物清单附于车内。

（2）公路拼箱货运输的作业仍以普通货物形态完成，作业方式与整车集装箱运输相仿，但拼箱货物运输的装、拆箱作业一般应在集装箱货运站内完成。

三、公路集装箱运输的特点

公路集装箱运输的特点是机动灵活、运送速度快，可以实现门到门运输；投资少，见效快，经济效益高；既可以与其他运输方式接运，又可以自成体系；但运送能力小，运输成本高，对环境污染较大。经济运行里程一般在200千米，目前也有延伸至700～1000千米。

四、集装箱公路运输车辆

（1）集装箱半挂车又分为平板式、骨架式、浮动轮式及伸缩梁架式若干种。其基本结构是：半挂车前部有支脚或浮动轮，后部为承重轮，在运输时，前部放于拖车之上，和拖车一起形成一个整体，集装箱自重及挂车自重由拖车和挂车共同承重。几种半挂车中，梁架式有较强的专用性，挂车车体较轻，因而运输耗能少，平板式属于多用型，除用于运装集装箱外，还可装运其他多种大重量、长尺寸货物，专用性较高，车身重量较大，因而运输集装箱的技术经济效果不如梁架式。

（2）集装箱全挂车车体是无动力可行走式车体，挂车完全承载集装箱，短距离移动时，可用各种小型车辆拉动，甚至人力推动，进行长距离集装箱运输时，则接上拖车形成集装箱全挂列车。这种车型如用于国际大箱运输时，则列车总长度太长，运行产生不便，一般用于小型集装箱，采用较短的全挂车。

（3）集装箱自装自卸车。车上带有装卸集装箱设施的特殊形式的集装箱车。在开展集装箱门到门运输时，在一端或两端缺乏装卸工具时，采用这种车型十分有利，是开展集装箱门到门运输的重要车辆。

五、公路集装箱运输流程

公路集装箱运输由于与普通运输相比发生了质的变化，因此其货物的装卸、运输流程也发生了变化。就其运输流程来说，出口集装箱货物必须是将分散的小批量货物预先汇集到适当地区的货运站内，然后用集装箱运到码头堆场；进口整箱货物直接送往工厂或仓库掏箱，拼箱货物送到堆场或货运站拆箱后再分送。由此可知，公路集装箱运输的运送路线较方便，一般都在固定的几个货运站、堆场。

六、集装箱公路运输中转站

（一）集装箱公路中转站的地位和作用

在国际集装箱多式联运和国际铁路联运中，集装箱公路中转站作为铁路集装箱办理站和港口码头向腹地延伸的后方基地和运输枢纽，对促进国际贸易运输发展，缓解集装箱办理站箱场和码头前沿的压力等方面，起重要作用，也是内陆腹地运输中的一个重要集散点。集装箱公路中转站在腹地运输中的地位，公路集装箱中转站对国际和国内集装箱的集疏运输有重要的中转环节作用，也可说是港口码头和车站与货主之间相互衔接的重要纽带。

（二）集装箱公路中转站的功能

目前，我国建设中的集装箱公路中转站，主要有以下功能。

（1）承担铁路办理站、港口和货主间的集装箱中转运输，完成门到门运输业务。

（2）负责组织腹地内的干支线运输，为长短途集装箱运输与水陆集装箱联运等衔接配合创造条件。

（3）办理集装箱拼箱货的拆装箱作业、货物的仓储，以及向货主接取送达业务。

（4）办理空、重集装箱的装卸、堆存和集装箱的检查、清洗、消毒和维修等作业。

（5）可作为船公司管理部门或外轮代理部门在腹地指定的还箱点，进行集装箱的调度管理。

（6）对中转站的车辆、装卸机械进行检查、清洗、维修和停放。

（7）为货主代办报关、报验、理货及货运代理业务。

（三）集装箱公路中转站的布局

集装箱公路中转站的总平面布置，根据生产工艺流程和企业管理模式等情况，将全站划分成若干个区域，以便于管理，方便生产生活，然后在各区内根据生产工艺流程来布置建筑物和构筑物等设施。一般由以下 4 个区域构成。

（1）堆存、拆装箱作业区包括空重箱堆场、拆装箱库、拆装箱作业场等。

（2）修理、清洗作业区包括车辆机械保修车间、修箱间、洗箱间、工具库、配件库等。

（3）辅助生产及管理区包括办公业务调度楼、食堂、锅炉房、水泵房、变电室、加油站、洗车台、检车台、验箱间等。

（4）生活区包括单身宿舍、家属宿舍、医务室等生活福利设施。

根据中转站的任务和业务范围，各作业区可分别组成若干个车间（队），如运输车队装卸车间、集装箱拆装车间、集装箱修理车间、车辆机械保修车间等。

第五节 案例分析

北美的集装箱多式联运

北美的多式联运比较注意技术创新，引进双层集装箱等新技术，公铁可以展开竞争，加上多式联运的平均运距长，不仅服务水平高而且经济效益好，在国际上处于领先水平。北美的国际标准集装箱运输，大部分都是通过一些大的货主与运输企业，根据运输的特殊条件和需要签订合同来实现的。合同包括运输时间表、货物价值、最小的运量保证等。小货主的运输一般通过第三方物流经营者来实现，货代是其中一部分。因为，第三方物流经营者具有物流系统管理经验，从而可以将小批量货物积少成多而得到低运价的优惠。铁路集装箱专列平均速度为 70 ~ 90 千米 /5 时，而且在专用线、编组站等环节疏导很快，基本上不压箱。北美铁路集装箱运输每天运距可以达到 1500 千米以上。在港口，进口货在船舶到港之前一般都向海关预申报，因而船到港后，当天就可以卸箱并装上集装箱货车或铁路车辆（若当天有车辆），或在第二天转运到口岸地区其他集装箱站场。在北美内陆都有"质检"服务，当货物到达内陆站场，根据货主要求，运输部门一般可以在 24 小时内就可以将提取的货物送到收货人（货主）手中。出口集装箱周转时间基本相同，出口货一般要求集装箱在船舶到达 24 小时前运抵港口，出口货物一般不进行检验。

一、系统的运作标准

在北美，运输企业的竞争能力和货主的需求决定了服务水平。周转时间是衡量服务标准的一项指标。在 1 500 千米范围内，铁路为主的多式联运部门在各服务通道上都与门到门服务的汽车运输公司展开竞争。铁路部门的多式联运受多个环节影响，其运送速度相当于公路运输的 50% ~ 70%。公路运输可以从港口实现到货主的门到门运输，因而避免了货场转运的时间延误。一辆集装箱货车装完 2 个标准箱（Twentyfoot Equivalment Unit，TEU）就可以运出，但铁路专列要装完 100 多个 TEU 才能开出，集装箱多式联运的周转时间比仅用集装箱货车实现门到门运输时间长。多式联运的优势在于时间比较固定、运输服务可靠、多式联运费用低廉，吸引货主量仍很大。在非运输物流成本与运输成本之间的权衡依赖于货主年运量、仓储计划、货物价值和季节性等指标。

二、作业环节

美国的多式联运服务大致包括 4 个独立的作业环节：①港口作业，船停港总共 3 ~ 5 天，其中通关作业一般为 1 ~ 2 天；②港口附近周转作业（即从港口转到火车上）；③铁路长途运输，多式联运长途运输方式主要是铁路，平均运行速度 60 ~ 80 千米 / 时，一般工作日集装箱在列车出发前 3 ~ 4 小时集中到站场，周末一般为 8 ~ 10 小时前集中到站场。列车的运输距离可达 1200 ~ 1500 千米 / 天；④内陆中转站的作业，在内陆集装箱的停留时间主要取决于物流管理的商业考虑，如集装箱运输过程是由集装箱所有者来控制。

三、集装箱周转时间

（1）当港口至货主的运距为 1500 千米时，采用集装箱货车运输进口货物，集装箱从船上卸到集装箱卡车后，其运送速度一般为 80 千米 / 时，若配备 2 个驾驶员，则会减少停车时间。在 24 小时内集装箱货车最大运输范围可达 2000 千米。这样集装箱运到货主手中只需 2 天，返空箱再用 2 天，总周转时间为 4 天。对于出口货物，公路运输则只需 3 天。

（2）进口货使用多式联运系统送到货主手里共需 7 天左右，为与公路竞争，对于加急货物时间可以压缩一半，即利用高效的多式联运系统的总周转时间为 6 ~ 8 天。在各环节配合极为协调，如货主、货车、铁路车次时间等环节均不耽误的情况下，集装箱总周转时间为 6 天。对于出口货物，在相同的运距下使用多式联运系统，货物运到船上的时间为 5 天左右。

如果货主负责内陆集装箱的集疏运输，则周转时间较长，其原因是货主常常利用站场免费存箱条件，将集装箱作为临时性仓库，而不是另租仓库存货。

第五章 道路交通零担货物运输物流组织与管理

第一节 道路交通零担货物概述

凡同一托运人一次托运货物的计费重量不足 3 吨，称为零担货物。人类利用运输工具使零担货物产生位置移动的活动称为零担货物运输。要全面理解零担货物运输，必须首先了解货物运输的一般形式和分类方法。

一、货物运输的分类

所谓货物运输就是人类利用运输工具使货物（承运的原料、材料、燃料、成品和半成品，农副产品及其他物品）依据人们的意愿产生预期的位置移动的活动过程。由于采用的运输工具和承运的货物种类的差异，从而分划出各式各样的货物运输形式，以下就是依据不同的分类标准对货物运输的基本形式作以简单的划分。

（一）按货物的营运方式的不同划分

1. 整车运输

按照公路《价规》和《货规》的规定，托运方一次托运货物的数量、性质、形状和体积必须在 3 吨以上者为整车运输。货物重量虽在 3 吨以下但不能并装，需单独供车装运的货物，也按整车运输办理。

2. 零担运输

零担运输是指托运人一次托运货物的质量不足 3 吨的为零担运输。零担运输一般需要特别的运输处理作业，如要求定线路、定班期发运。

3. 联合运输

在生产社会化和专业化分工日益发展的情况下，物资从生产领域到消费领域的流动过程往往需要几个地区、几种运输工具的联合作业，才能最后满足物资流动的特殊位移需要。这种运输协作的要求，是与生产专业化同时产生、同步发展的。联合运输其实质就是指货物通过两种或两种以上运输方式，或需要同种运输方式中 2 次以上的运输。联合运输实行一次托运、一次收费、一票到底、全程负责。联合运输的形式大致有两大类：一类是交通运输部门之间的联运，指由两种以上运输工具的接力运输，或虽是同一种运输工具，但需要通过中转完成的运输形式，例如水陆联运、水水联运、陆陆联运和水陆空联运等；另一类是货物的产、供、运、销各部门组成的运输大协作，例如一条龙联合运输。

（二）按货物类别不同划分

1. 普通货物运输

普通货物运输是指对普通货物的运输。普通货物是指运输、保管及装卸工作中没有特殊要求、不必采用专用汽车运输的货物。零担货物运输也存在普通零担货物运输。普通零担货物系指《公路价规》中列明并适于零担运输的一、二、三等普通货物。

2. 特种货物运输

特种货物运输是指对特种货物的运输。特种货物是指货物的本身性质、体积、质量和价值等方面有特别之处，在运输、保管或装卸等环节上必须采取特别措施方能保证货物完好地实现位置的移动。特种货物包括危险货物、贵重货物、长大笨重货物、易腐货物、冷藏货物、鲜活货物等。

（三）按运送速度的不同划分

1. 一般货物

运输一般货物运输主要是指在运送速度上没有特殊的要求，只要满足常规的货物运送的速度要求就可以达到托运人的意愿的运输方式。

2. 快件运输

根据《道路零担货物运输管理办法》的规定，快件零担货运是指从货物受理的当天15小时起算，300千米运距内，24小时以内运达；1000千米运距内，48小时以内运达；2000千米运距内，72小时以内运达的运输方式。由于快件运输对运达时间的限定，一般是由专门从事该项业务的公司和运输公司、航空公司合作，派专人以最快的速度在发件人、货运中转站或机场、收件人之间递送急件。

3. 特快专运

根据《道路零担货物运输管理办法》的规定，特快专运是指应托运人要求即托即运，在约定时间内运达的运输方式。

二、零担货物运输的特点和种类

伴随着商品经济的日益发展，产品（货物）结构也在不断发生变化，成件、包装、高值、轻浮类货物比重越来越大，这一切都对零担货运提出了要求。零担货运组织工作较整批货运有较大难度，因此，应掌握好零担货物的特点，抓好零担货物受理、中转等环节，努力搞好零担货运工作。

托运人一次托运货物不足3吨的为零担运输。按件托运的零担货物，单位体积一般不少于 0.01 立方米（单件重量 10 千克以上的除外），不大于 1.5 立方米；单件重量不超过 200 千克；货物的长度、宽度、高度分别不超过 3.5 米、1.5 米和 1.3 米。

（一）零担货物运输的特点

从上面对货物运输方式的基本分类中我们可以看出，零担货物运输只是货物运输方式中相对独立的一个组成部分，由于其货物类型和运输组织形式的独特性，衍生出其独有的特点。一般而言，公路承运的零担货物具有数量小、批次多、包装不一、到站分散的特点，并且品种繁多，许多商品价格较高。另一方面，经营零担货运又需要库房、货棚、货场等基本设施以及与之配套的装卸、搬运、堆码机具和苫垫设备。所以，这些基本条件的限定，使零担货物运输形成了自己独有的特点，概括说表现在如下方面。

1. 计划性差

零担货物的特点，决定了经由汽车运输的零担货物，难以通过运输合同等方式，将其纳入计划管理的轨道。为了组织好零担货运工作，应做到合理利用车辆、场库等设施，不断提高设备利用率和运输效率，汽车运输部门应加强对零担货运流量、流向的调查，掌握其变化的规律，抓好零担货物的受理工作。

2. 组织工作复杂

零担货运环节较多，作业工艺比较细致，货物配载和装载要求也比较高。零担货物质量的确定、货物的装卸均由车站负责，货运站不仅要配备一系列相应的货运设施，而且也增加了大量的业务管理工作。

3. 单位运输成本较高

为了适应零担货物运输的需求，货运站要配备一定的仓库、货棚、站台，以及相应的装卸、搬运、堆置的机具和专用厢式车辆，此外，相对于整车货物运输而言，零担货物周转环节多，更易于出现货损、货差、赔偿费用较高，因此，导致了零担货物运输成本较高。正因为零担货物运输具有与整车货物运输不同的特点，使得零担货物运输具有自己的优越性，其主要表现在以下方面。

（1）适应于千家万户的需要。零担货物运输非常适合商品流通中品种繁多、小批量、多批次、价高贵重、时间紧迫、到站分散的特点。因此，它能满足不同层次人民群众商品流通的要求，方便大众物资生产和流动的实际需要。

（2）运输安全、迅速、方便零担货物运输。由于其细致的工作环节和业务范围，可承担一定行李、包裹的运输，零担班车一般都有固定的车厢，所装货物不至于受到日晒雨淋，一方面成为客运工作的有力支持者，同时体现了、安全、迅速、方便的优越性。

（3）零担货物运输机动灵活。零担货物运输都是定线、定期、定点运行，业务人员和托运单位对运输情况都比较清楚，便于沿途各站点组织货源，往返实载率高，经济效益显著。对于竞争性、时令性和急需的零星货物运输具有尤为重要的意义。

4. 运送方法多样

零担货物可采用专用零担班车、客车捎带等不同的运送方式,组织工作比较灵活、复杂。

（二）零担车的种类

鉴于零担货物的特点,零担货物的运送方式比较灵活,例如可采取零担车装运,也可用客车捎运等方法。装运零担货物的车辆即为零担车。零担车一般有固定式和非固定式两大类。

对于"四定运输"的固定式零担车,根据货物流量、流向以及货主的实际要求,主要有直达、中转、沿途三种不同的组织形式。

第二节　道路交通零担货物运输组织形式

零担货物运输是现代货物运输的重要组成部分,在国民经济生产和社会生活中起着不可替代的作用,那么这一运输方式一定有其存在的物质基础,我们从开展这一运输方式的基础工作着手,逐步说明零担货物运输的组织形式。

一、零担货物运输的基础工作

汽车零担货运开办和发展必须具备一定的前提条件,这些前提条件一方面包括宏观经济社会发展的大环境,另一方面就是零担货运的微观物质条件。从汽车运输企业开办和发展零担货运实际工作看,零担货运的基础工作主要是指其物质条件,汽车运输企业要开办和发展零担运输就必须做好下述基础工作。

（1）建立零担货物仓库是开办零担货运的首要条件。由于零担货物具有品种繁多、小批量、多批次、价高贵重、时间紧迫、到站分散的特点,这就决定了多数零担货物不可能在业务受理后即行装车,也不可能在货物运达卸车后即行交付,它有一个集零为整、化整为零的过程,同时有些货物还需要中转,必须在货运站作短期堆存保管,所以,必需根据吞吐量的大小,建设一定面积的零担货物仓库。

（2）建立零担货运站。零担货运站是开办零担货运业务的中介。货运站是货源货流的直接组织者,它一方面起着为社会集结和疏散货物的作用,另一方面为运载工具包揽运输业务,是建立在运载工具和货物之间的纽带。零担货运站可以由开展货物运输的企业自己建立、自行管理,也可以交由另外一家专家企业管理,或者由第三方企业来建立和经营货运站。

（3）开辟班车和建立零担货运网络是开办和发展零担货运的基础。零担货运网络是指由若干站点和运行线路组成的具有巡回功能的运输系统。班线是零担货运网络的基本组成部分。班线的开辟应以适应货流需要,尽量减少中转环节为原则,并在货源货流调查基础上确定和制定车辆运行方案。

（4）配备零担货车是开办和发展零担货运的保证。零担货车是公路运输零担货物的工具，缺少它，即使其他条件都已成熟也不能实现零担货物的运输。

（5）组织零担货物联运是增强零担货运活力的关键。联运是指通过2种以上不同运输方式或虽属同种运输方式但须经中转换装的接力运输。由于零担货物运距长短不一，车船不可能每点都到，各线都跑，因此必须与铁路、水路、航空搞好联运。这样才能满足托运人多方面需要。

二、零担货物货源组织与管理

在完成好零担货物运输的基础工作以后，零担货物运输便进入货源组织阶段。零担货物货源组织工作，始于货源调查，终止于货物受理托运，其主要目的是为了寻找、落实货源。

获得货源货流信息并进行有效处理，开展零担货运货源的市场实际调查，是零担货物运输经营管理的基础性工作。由于零担货物运输是货物运输的一个组成部分，其市场调查的内容、方式、方法基本相同，零担货运货源的调查，其实质就是通过有效的市场调查方法，获取货源货流的基本信息，并对获取的信息做进一步分析，用于指导零担货运的过程。

（一）货源与货流的概念

货源即货物的来源，货物的发生地；货流是指一定时间、一定区段内货物流动的情况，它包括货物的流量、流向、流时、流程4个要素。公路货物在一定时间、一定区段内流动的数量称为货物流量；公路货物流动的方向称为货物流向。货物流向分为顺向货流和逆向货流。路段上货流量大的方向的货流称为顺向货流；路段上货流量相对较小的方向的货流称为逆向货流。零担货物运输的货源货流信息是指与零担货物的发生地、流量、流向、流时、流程及其变化有关的各种情报的总称。

（二）零担货运中货源货流信息的收集

获取零担货运的货源货流信息不仅是零担货运经营决策的重要依据，而且是提高零担货运应变能力的重要手段。零担货运货源货流信息的收集一般通过下述方法。

（1）零担货运的市场调查按调查方式可分为全面调查、典型调查和专题调查。全面调查是在一定时期内，对零担货运企业辐射区内的自然资源（土地、矿山、森林、土特产等），人口、企事业单位、学校、机关等的基本概况进行的调查；对工农业、农副产品产量、规格、供给流通，对工业生产所需的原材料、燃料、辅助材料的品种、消耗量、自产量、流入量；对商品流通的数量、范围、时间；交通运输网络布局、竞争对手的发展变化等作的全面综合的调查分析。典型调查是根据需要选择一些具有代表性的地区、单位或运输线路，进行定性和定量的分析，用"由此及彼"的推理方法，达到一般地了解同类事物的共同规律。专题调查为研究零担货运的某些特殊问题，如新辟零担货运线路，专门进行的市场调查。

（2）整理分析零担货运企业近期承担托运资料、地区发出运量统计资料等，从中分析货源货流信息尤其要对取得的效果和存在的不足进行重点分析，力求找出其存在的原因。

（3）实时情报的收集指在固定的货运站点、在代办业务、取货送货等承运业务活动中，通过询问、交谈了解，获取货源货流信息。这种获取信息的对象具有确定对象和不确定对象两类。确定对象是在调查之前已经联系好了人选和目标，有的放矢，直奔问题的实质，但可能存在竞争对手给虚假的信息风险；不确定性对象指调查者身临其境，通过自己的看、聊、听所获得的第一手资料，但可能存在多种不一致的资料。

（三）零担货源组织方法

（1）实行合同运输。合同运输是公路运输部门行之有效的货源组织形式，其特点为：①逐步稳定一定数量的货源；②有利于合理安排运输；③有利于加强企业责任感，提高运输服务质量；④有利于简化运输手续，减少费用支出；⑤有利于改进产、运、销的关系，优化资源配置。

（2）设立零担货运代办点（站）。零担货物具有零星、分散、品种多、批量小、流向广的特点，零担货物运输企业可以自行设立货运站、点，或者也可以与其他社会部门或企业联合设立零担货运代办站（点），这样，既可以加大零担货运站点的密度，又可以有效利用社会资源，减少企业成本，弥补企业在发展中资金和人力的不足。设立零担货运站的前提是广泛的市场调查，只有通过细致的调查分析，才能了解货源情况，有的放矢地建立起零担货运网络。

（3）委托社会相关企业代理。零担货运业务，零担货运企业还可以委托货物联运公司、日杂百货打包公司、邮局等单位代理零担货运受理业务，利用社会的资源，即这些单位现有的设施和营销关系网络，取得相对稳定的货源。委托代理关系是现代市场经济出现的一种有效的经营管理模式，这种模式可以充分调动社会各方面的经济资源，将有利于零担货运的经济资源重新配置，一方面可以扩大联运公司、日杂百货打包公司、邮局等单位的商品营业额，另一方面，方便了购物者，扩大了自己的零担货源，实现了企业效益和社会效益的双盈。

（4）聘请货运信息联络员。建立货源情报网络在有较稳定的零担货源的物资单位聘请货运信息联络员，可以随时掌握货源信息，以零带整，组织整车货源。

（5）设立信息化的网络受理业务。可以利用现代信息技术，创建数字化的零担货运受理平台，形成虚拟的零担货运业务网络，进行网上业务受理和接单工作。

三、零担货物运输的组织形式

社会生产和人民生活对零担货物运送时间和方式、收发和装卸交接等的不同需要，零担货物运输采取不同的营运组织方式，这些组织方式形成了零担货物运输的基本组织形式。决定零担货物的运输所采用的组织方式，一方面受制于用户的需求，另一方面决定于零担货运所使用的车辆。根据前面对零担车的分类来进行讲解。

（一）固定式零担货物运输的组织

固定式零担车是指车辆运行采取定线路、定班期、定车辆、定时间的一种零担车，也叫"四定运输"，通常又称为汽车零担货运班车（简称零担班车）。零担班车一般是以营运范围内零担货物流量、流向以及货主的实际要求为基础组织运行。运输车辆主要以厢式专用车为主。零担班车运行方式主要有以下几种。

（1）直达零担班车是指在起运站将多个发货人托运的同一到站且可以配载的零担货物，装在同一车内，直接送达目的地的一种零担班车。

（2）中转零担班车是指在起运站将多个发货人托运的同一线路、不同到达站且允许配装的零担货物，装在同一车内运至规定中转站，卸后复装，重新组织成新的零担班车运往目的地的一种零担班车。

（3）沿途零担班车是指在起运站将多个发货人托运的同一线路、不同到达站且允许配装的零担货物，装在同一车内，在沿途各计划停靠站卸下或装上零担货物继续前进，直至最后终点站的一种零担班车。

在上述 3 种零担班车运行模式中，以直达式零担班车最为经济，是零担货运的基本形式，这一形式具有无法替代的特点：①避免了不必要的换装作业，节省了中转费用，减轻了中转站的作业负担；②减少了货物在中转站作业，有利于运输安全和货物完好，减少事故，确保质量；③减少了在途时间，提高了零担货物的运送速度，有利于加速车辆周转和物资调拨；④在仓库内集结待运时间少，充分发挥仓库货位的利用程度。

（二）非固定式零担货物运输的组织

非固定式零担车是指按照零担货流的具体情况，根据实际需要，临时组织而成的零担车。通常在新辟零担货运线路或季节性零担货物线路上使用。

第三节　零担货物运输的组织作业程序

零担货运包括受理、保管、配装、装车、运送、卸牟、堆码、保管、交付等作业。能否安全、迅速有计划地组织好零担货运和提高设备利用率，在很大程度上取决于零担货物的发送组织。因此，零担货运站应针对零担货物的特点，加强对于零担货流的控制，以便尽力组织直达，减少中转，保证质量，方便货主。

一、受理托运

（一）受理的要求

受理托运是零担货运作业中的首要环节。由于零担货运线路、站点较多，货物种类繁杂，包装形状各异，性质不一，因此受理人员必须熟知营运范围内的线路、站点、运距、中转范围、车站装卸能力、货物的理化性质及运输限制等一系列业务知识和有关规定。此外，托运站必须公布办理零担货运的线路、站点（包括联运站、中转站）、班期、里程和运价，张贴托运须知、包装要求及限运规定等。受理托运时，必须由托运人认真填写托运单，承运人审核无误后方可承运。对托运人在记载事项栏内填写的要求应予特别审核，看其是否符合有关规定。如要求不合理或无法承担的，应向托运人做出解释，并在记录栏内做出相应记录。对负责事项也应在记录栏内注明。

（二）受理制度

零担货物的受理工作，是零担货物运输的第一个环节。搞好零担货物的受理工作，有助于零担货运的计划性。鉴于各货运站受理零担货物的数量、运距以及车站作业能力各有不同，应从具体情况出发，采用不同的受理制度。

（1）随时受理制对于零担托运的日期无具体规定，只要在货运站的经营范围内，发货人将货物送到货运站即可办理承运，它为货主提供了很大的方便性。

随时受理制不能事先组织零担货源，使零担货物的计划运输受到一定的限制。零担货物承运以后，有比较长的集结时间，仓库设备利用率也较低。这种方法一般适用于运量不大的车站，对某些急运零担货物也可适用。对于中转量较大，发运量很小，可以利用发送货物和中转货物配装组织直达零担班车的车站，也可考虑采用这种方法。

（2）预先审批制对于加强零担货物运输的计划性，提高零担货物运输的组织水平有一定作用。它要求发货单位事先向车站提出申请，车站再根据各个方向及站别的运量，结合站内设备和作业能力加以平衡，组织成各种零担班车，分别指定日期进货集结。预先审批的方法，给那些发送量小的货主带来了很大的不便。

（3）日历承运制，要求车站在基本掌握零担货物流量和流向规律的前提下，认真编制承运日期表，事先公布，发货人则按规定如期来站办理托运手续。

二、承运日期表及其编制

承运日期表具体规定了车站每日承运到某一车站或某一中转范围的零担货物的日期。按承运日期表上所规定的日期受理零担货物，对有计划、有组织地运输零担货物有着重要的作用。其优点是：①便于将分散的零担货流合理集中，尽量组织直达零担班车；②可以均衡地安排起运站每日运送零担货物的数量，合理使用车站的货运设备，为日常零担承运、仓库管理、计划配装、装车组织、劳力安排等创造有利的条件；③便于物资部门安排产品生产和物资调拨计划，提前做好货物托运前的准备工作。

编制承运日期表时，应遵循的基本原则是：①尽最大可能组织直达零担班车，减少或消除不合理的中转环节；②尽量缩短承运间隔期；③保证车站作业的均衡性。

编制承运日期表时，车站必须掌握下列资料：零担货物发送量、零担货物构成、车站发送仓库的容量、货位数目及其管理方法、车辆运行技术参数、主要发货单位的要求。

编制承运日期表步骤是：①确定组织某到达站零担货物一个直达零担班车所需要的集结时间；②根据有关资料，确定最大承运间隔期；③比较零担货物集结时间和最大承运间隔期，初步确定零担货物承运间隔期。零担货物集结时间如没有超过最大承运间隔期时，可按集结时间作为组织直达零担班车的承运间隔期；超过时，则可考虑将同一方向上 2 个适宜到达站的货流予以合并，重新计算它们的集结时间，最后确定组织发往 2 个到达站直达零担班车的承运间隔日期；④根据车站仓库作业能力的大小及设备使用的合理性，确保作业均衡和方便货主的原则下，对已固定的承运间隔期进行调整，最后编制承运日期表。

承运日期表原则上应保持相对的稳定性，当货源货流发生变化或其他原因需要调速时，应提前编制并及时公布新的承运日期表。

三、过磅起票

业务人员在收到零担货物托运单后，应及时验货过磅，并认真点件交接，做好记录。零担货物过磅后，连同"托运单"交仓库保管员按托运单编号填写标签及有关标志，并根据托运单和磅码单填写"零担运输货票"，照票收清运杂费。各站零担货运营业收入，应根据零担货票填造"货运营业收入日报"，向主管公司或主管部门报缴。

四、仓库保管

零担仓库要有良好的通风、防潮、防火和灯光设备，库房严禁烟火。露天堆放货物时，要有安全防护措施。把好仓储保管关，可以有效地杜绝货损货差。零担仓的货位，一般可划分为进仓待运货位、急运货位和到达待交货位和以线路划分货位，以便分别堆放。货物进出仓库要履行交接手续按单验收入库和出库。以票对货，票票不漏，做到票、货相符。

五、配载装车

1. 零担货物的配载原则

（1）中转先运、急件先运、先托先运、合同先运的原则；对一张托运单和一次中转的货物，须一次运清，不得分送。

（2）凡是可以直达运送的货物，必须直达运送；必须中转的货物，合理流向配载，不得任意增加中转环节。

（3）充分利用车辆的载重量进行轻重配装，巧装满装。

（4）认真执行货物混装限制规定，确保安全。

（5）加强预报中途各站的待运量，并尽可能使同站卸装的货物在吨容积上相适应。

2. 货物装车前的准备工作

（1）按车辆的容载量和货物长短、大小、性质进行合理配载，填制配装单和货物交接清单。填单时货物先远后近，先重后轻，先大后小，先方后圆的顺序填写，以便按次装车。对不同到达站和中转的货物要分单填制，不得混填一单。

（2）各种随货单证，分附于交接单后面。

（3）按单核对货物堆放位置，做好标记。

3. 货物装车注意事项

（1）将贵重物品放在防压、防撞的位置，保证其运输安全。

（2）货物装妥后，要复查货位，防止错装、漏装；确认无误后，驾驶员（或随车理货员）要清点随货单证并在交接单上签章。

（3）根据车辆容积和货物情况，均衡地将货物重量分布于车底板上。

（4）紧密地堆放货物，以期充分利用车辆的载重量和容积，防止在车辆运行中因发生振动而造成的货物倒塌和破损。

（5）同一批货物应堆置在一起，货件的货签应向外，以便工作人员识别；运距较短的货物，应堆放在车厢的上部或后面，以便卸货作业顺利进行。

（6）沉重的、长大的，或比较结实的零担货物，宜于放在车厢的下层。装车作业完成以后，应仔细检查货物的装载状态，并将货票与交接清单逐批对照，确认无误后交随车理货员或驾驶员签收。

六、车辆运行

零担车必须按期发车，不得误班。如属有意或过失责任造成误班必须按章对责任人给予处罚。定期零担班车应按规定线路行驶。凡规定停靠的中途站，车辆必停，并由中途站值班人员在行车路单上签证。行车途中，驾驶员（随车理货员）应经常检查车辆装载情况。如有异常情况，应及时处理或报请就近车站协助处理。

七、中转交接

到站卸货班车到站后，仓库理货员应会同驾驶员（或随车理货员）检查车载情况，检查运输途中有无异状，并做记录，然后按货物交接清单点交验收。如无异常，则由仓库理货员在"交接单"上签字，并加盖专用章；如发现异常情况，则应按下列情况分别处理。

（1）无货时，双方签注情况后，在"交接单"上销号，原单返回。

（2）有货无单时，经查验标签，确系运到车站，应予收货，并填写收件内容，双方签章后，交起运站查补票据。

（3）货物到站错误时，由原车带回起运站或带至货物应到站。

（4）货物短缺、破损、受潮、污染和腐坏时，由到达站会同驾驶员（或随车理货员）验货，复磅签章后，填写"商务事故记录单"，按商务事故处理程序办理。

零担货物除了在始发站以直达零担班车形式组织发送外，仍有一部分零担货物需要以中转零担班车或沿途零担班车的形式运到规定的中转站进行中转。零担货物的中转作业，是将来自各个方向的零担货物重新集结待运，继续运至零担货物终到站。因此，零担货物的中转作业，是一个按货物流向或到站进行分类整理，先集中再分散的过程。加强零担货物的中转组织工作，对于搞好零担货物运输有重要意义。

合理选择中转站点和划分中转范围，对于加速零担货物的送达速度，减少不必要的中转环节，均衡分配中转站的作业量有很大的关系。中转站点的选择和中转范围的划分，必须根据货源和货流的特点，遵循经济区划原则，在充分做好运输经济调查的基础上加以确定。

零担货物中转站除了承担货物的保管工作外，还需进行一些与中转环节有关的理货、堆码、整理、倒载等作业，因此，中转站应配备有一定的仓库或货棚等设施：零担货物的仓库或货棚，应具备良好的通风、防潮、防水、采光、照明等条件，以保证货物的完好和适应各项作业的需要。为使货物免受雨淋，提高装卸作业的效率，仓库或货棚应尽可能设置在站台上。

仓库或货棚内应合理地划分货区和货位，这对提高中转作业效率有着重要的作用。货区和货位的划分应以中转货物搬运距离最短，中转作业效率较高为原则。

为了便于管理，零担中转仓库或货棚可划分为发送区、中转区、到达区等。发送、到达和中转作业之间关系密切，货区的划分无统一规定。可视运量大小和设备布置的特点加以确定，对于一侧停靠车辆的仓库或货棚，中转货区宜放在中间，到、发货区可安排在两端。

仓库或货棚内的每个货区，又可分为若干货位，以便存放指定去向或到站的零担货物。货位可按到达站及方向分别划分，也可按顺序编号法划分。前者便于管理和配装，但当车辆不能接近货位时，会造成卸车后货物有较长的搬运距离；后者货位利用率高，货物搬运距离短，但管理工作复杂。

八、货物交付

货物交付是零担运输最后的环节。货物入库后，应及时用电话或书面形式通知收货人凭"提货单"提货，并做好通知记录，逾期提取的按有关规定办理。对预约"送货上门"的货物，则由送货人按件点交收货人签收。货物交付要按单交付，件检件交，做到票货相符。货物点交完毕后，应及时在提货单上加盖"货物交讫"戳记。

零担货运通常由多个运输企业（或站、点）连续作业才能完成，因此在零担运输作业的全过程中，每个环节都必须严格办理交接手续，否则，就会产生手续不清、责任不明等问题，甚至无法查明原因，形成混乱状况。

第四节 案例分析

东大物流管理的做法

山东东大化工集团主导产品的生产能力和原材料用量，近2年翻了一番，但原材制及产成品运输费用、车辆、库存不仅没有增加，反而大幅度下降。这一切缘于他们在采购、保管、运输等非生产环节，创出了不凡业绩。

一、缺口由运输撕开，思路洞开缘于车辆拍卖

前身为张店化工厂的山东东大化工集团，建厂40年来，物料运输一直由公司车队承担。车队26名员工，18辆大货车，加上一个修理厂，运转费用不菲，效率却不高。司机上班拖拖拉拉，偷工怠工现象严重，有时为了私自揽活延长运输时间，使原材料不能及时入库，给企业带来不少负面影响。

办法想了不少，成效却是寥寥。公司决定向内部招标拍卖，18辆车卖掉了12辆，收回75万元，14名司机中标，其余车辆报废，人员分流。被拍卖车辆的驾驶人员承担了公司运输任务，运价先是与公司以前平均运价持平；过渡2个月后降低0.02元，与市场价持平；紧接着又比市场价降低0.03元。

车成了自己的，每辆车运行里程比拍卖前多出2倍。半年的时间公司就节约了运输费用184万元。此外工资、车辆维修费等一概不用公司负担，合计节约费用354万元。

当被拍卖车辆逐渐进入报废期时，公司开始将运输推向社会，先是面向社会公开竞价招标，年节约运费390万元；然后又对运量相对集中的几条线路公开招标买断，吨公里运价由0.44元降到0.20元，前后共节支1431万元。

二、库存、信息、采购

为了实现企业内部资源的最优配置和最低成本，东大化工集团开始对原材料、中间过程的库存、最终产品的储存与销售以及相关信息进行全面管理，有意识地导入物流管理这一全新理念。

东大化工集团是大型化工企业，使用原材料多达2万余种，库存占用资金5 228万元。具备了运输环节的优化控制这个前提，企业开始向物流管理的下一个目标——合理库存挺进。过去由于运力、运输效率有限，原料采购需提前一星期，产品到客户手中需1周以上。现在运力、运输效率大力提高，原材料购进最多只需提前2天，国内市场送货一般不超过2天。可以就近采购的物资，坚决保持"零库存"。对不易采购的物资，采购计划批准前必须先经的恰恰是这一块。特别是国有企业，采购、运输、仓储不计成本，一概包揽。难怪这一领域被管理学家称为"黑色地带"。

东大化工集团在向人们展现管理创新无穷潜力的同时，也向国有企业提出了一个强化管理的全新课题，那就是依托社会化、专业化的服务体系，克服"大而全""小而全"的通病，降低成本，提高管理水平和市场竞争力。

推行物流管理以前，所在地张店区没有一家专业化的化工储运企业。但在运输走向社会的短短一两年时间，在企业巨大运量的刺激带动下，张店及周边一批专业化工储运公司迅速崛起，并已在激烈的竞争中日渐走向成熟，专业优势发挥得越来越明显。东大化工集团自己也最终受益。

东大化工集团的实践证明：对企业内部物流进行合理化改造和全面管理，将无核心竞争力优势的物流业务外包，可为企业带来巨大的经济效益；同时也促进了周边地区运输业的专业化发展，提高了他们的服务意识和服务水平，实现了社会资源的最优配置。

第六章　交通特殊货物运输物流组织与管理

　　道路交通特殊货物的运输是一种非常重要的运输形式，和普通货物的运输相比，有自己独自的特点，也是运输中比较困难的问题。本章主要讲述危险货物运输、大件（超限）货物运输和鲜活货物运输 3 种情况。

第一节　危险货物运输工作组织

一、危险货物运输概述

（一）危险货物的定义

　　化学物品由于其分子结构和元素组成的不同而性质不同，其中具有爆炸、易燃、毒害、腐蚀、放射性等危险性质的化学物品通称为危险化学品，也称危险货物。国家标准 GB 6944-1986（《危险货物分类和品名编号》给出的定义是："凡具有爆炸、易燃、毒害、腐蚀、放射性等性质，在运输、装卸和储存保管过程中，容易造成人身伤亡和财产损毁而需要特别防护的货物，均属危险货物。"由此可见，危险货物必须同时具备这样 3 个要素：一是具有爆炸、易燃、毒害、腐蚀、放射性等性质；二是容易造成人身伤亡和财产损毁：三是在运输、装卸和储存保管过程中需要特别防护。因此，上述三项要素必须同时具备的货物方可称为危险货物。

　　危险货物，按其物质纯度高低及包装和用量大小的不同，一般可以分为危险化学试剂和危险化工原料两大类，道路危险货物运输的对象主要是危险化工原料。

（二）危险货物的特点

　　（1）门类品种多。现在国际市场上流通的品种有 6 ~ 7 万种，每年至少有 1 000 多种新品问世，目前列入我国国家标准的危险品有 8 个大类和 22 项 1700 余种。

　　（2）用途广泛。由于化学工业的发展，冶金工业和机械制造采用新工艺，轻纺工业合成纤维的生产以及农药、化肥的广泛使用，危险货物的商品的用户遍及各行各业，随着新兴技术的迅速发展，需要的品种和用量也在不断增长。

　　（3）危险性大。危险货物具有易爆、易燃、毒害、腐蚀、放射性等属性，特别是在运输、储存保管中容易发生燃烧、爆炸等化学危险安全事故；同时由于一般危险货物的危险性多数均具有二重甚至多重性，如甲苯，实际上它同时具有易燃品和毒害品的性质，因此，当发生燃烧或爆炸事故时，其危险性就更大更可怕了。

从上述危险的货物的特点中，我们不难看出：危险货物作为一种特殊的生产资料，在其生产、运输管理中，相应会有许多与众不同的特殊性，特别是安全管理的重要性问题。

（三）危险货物运输的特点

根据危险货物的上述特点，危险货物的运输与普通货物运输相比应具有以下基本特点：

1. 业务专营

它是指只有符合规定资质并办理相关手续的经营者才能从事道路危险货物运输经营业务。国务院及交通部对道路危险货物运输的经营者作了不同于普通货物运输经营者的特别规定。国务院发布的《危险货物安全管理条例》第三十五条规定，国家对危险货物的运输实行资质认定制度；未经资质认定，不得运输危险货物。交通部《道路危险货物运输管理规定》第十条规定，凡申请从事营业性道路危险货物运输的单位，及已取得营业性道路运输经营资格需增加危险货物运输经营项目的单位，均须按规定向当地县级道路运政管理机关提出书面申请，经地（市）级道路运政管理机关审核，符合本规定基本条件的，发给加盖道路危险货物运输专用章的《道路运输经营许可证》和《道路运输证》，方可经营道路危险货物运输。同时还规定，凡从事道路危险货物运输的单位，必须拥有能保证安全运输危险货物的相应设施设备。从事营业性道路危险货物运输的单位，必须具有 10 辆以上专用车辆的经营规模，5 年以上从事运输经营的管理经验，配有相应的专业技术管理人员，并已建立健全安全操作规程、岗位责任制、车辆设备保养维修和安全质量教育等规章制度。

2. 车辆专用

装运危险货物的车辆不同于普通货物运输的车辆，交通部发布的《危险货物运输规则》对装运危险货物的车辆技术状况和设施做出了特别的规定：①车厢、底板必须平坦完好，周围栏板必须牢固，铁质底板装运易燃、易爆货物时应采取衬垫防护措施，如铺垫木板、胶合板、橡胶板等，但不得使用谷草、草片等松软易燃材料；②机动车辆排气管必须装有有效的隔热和熄灭火星的装置，电路系统应有切断总电源和隔离电火花的装置；③车辆前上方必须安置黄底黑字"危险品"字样的三角标志灯；④根据所装危险货物的性质，配备相应的消防器材和捆扎、防水、防散失等用具；⑤装运危险货物的罐（槽）应适合所装货物的性能，具有足够的强度，并应根据不同货物的需要配备泄压阀、防波板、遮阳物、压力表、液位计、导除静电等相应的安全装置；罐（槽）外部的附件应有可靠的防护设施，必须保证所装货物不发生"跑、冒、滴、漏"，并在阀门口装置积漏器；⑥应定期对装运放射性同位素的专用运输车辆、设备、搬运工具、防护用品进行放射性污染程度的检查，当污染量超过规定的允许水平时，不得继续使用；⑦装运集装箱、大型气瓶、可移动罐（槽）等的车辆，必须设置有效的紧固装置；⑧各种装卸机械、工属具要有足够的安全系数，装卸易燃，易爆危险货物的机械和工属具，必须有消除产生火花的措施。《道路危险货物运输管理规定》也明确规定，运输危险货物的车辆、容器、装卸机械及工具，必须符合交通部 JT 3130《汽车危险货物运输规则》规定的条件，经道路运政管理机关审验合格。全挂汽车列车、拖拉机、三轮机动车、非机动车（含畜力车）和摩托车不准装运爆炸品、一级氧化剂、有机过氧化物；拖拉机还不准装运压缩气体和液化气体、一级易燃物品；自卸车辆不准装运除二级固体危险货物（指散装硫黄、萘饼、粗蒽、煤焦沥青等）之外的危险货物。

以上这些规定明确了道路危险货物运输车辆和设施必须符合特定的要求，普通货物运输车辆和不符合条件的车辆都不得装运危险货物。

3. 人员专业

危险货物运输业是一个特殊的行业，从事道路危险货物运输的相关人员必须掌握危险货物运输的有关专业知识和技能，并做到持证上岗。《危险货物安全管理条例》规定，危险货物单位从事生产、经营、储存、运输、使用危险货物或者处置废弃危险货物活动的人员，必须接受有关法律、法规、规章和安全知识、专业技术、职业卫生防护和应急救援知识的培训，并经考核合格，方可上岗作业。交通部门负责危险货物公路、水路运输单位及其运输工具的安全管理，对危险货物水路运输安全实施监督，负责危险货物公路、水路运输单位、驾驶人员、船员、装卸人员和押运人员的资质认定，并负责前述事项的监督检查。危险货物运输企业，应当对其驾驶员、船员、装卸管理人员、押运人员进行有关安全知识培训；驾驶员、船员、装卸管理人员、押运人员必须掌握危险货物运输的安全知识，并经所在地设区的市级人民政府交通部门考核合格，取得上岗资格证，方可上岗作业。危险货物的装卸作业必须在装卸管理人员的现场指挥下进行。运输危险货物的驾驶员、船员、装卸人员和押运人员必须了解所运载的危险货物的性质、危害特性、包装容器的使用特性和发生意外时的应急措施。运输危险货物，必须配备必要的应急处理器材和防护用品。《道路危险货物运输管理规定》第七条要求，直接从事道路危险货物运输、装卸、维修作业和业务管理的人员，必须掌握危险货物运输的有关知识，经当地地（市）级以上道路运政管理机关考核合格，发给《道路危险货物运输操作证》，方可上岗作业。

4. 安全运输

安全运输是危险货物运输的基点，是区别于其他普通运输的标志，当然，这并不是说其他普通运输不需要注意安全，不需要进行安全管理，而是鉴于危险货物运输的特殊性，安全管理工作对危险货物运输管理显得更为重要和关键。应当指出，这里所说的"安全性"，有这样两层含义：一是在危险货物运输管理中，一定要把安全工作放在首位，一切以安全为重，一切工作都必须在安全的前提条件下进行，严格实行"安全一票否决制"；二是必须合法、规范地进行危险货物运输和管理，否则，安全就没有保证，效益也就成了"空中楼阁"，稍有不慎将会严重危及人民生命财产。

（四）危险货物的分类

物质的理化性质决定其是否能燃烧、爆炸或产生危害性。例如，有些物质本身的原子比较活泼，能与空气中的氧在常温下进行反应，并放出热能；有些物质能与水进行反应，置换出氢气，在常温下反应也极为剧烈；有的物质有氧化性或还原性；有的在常温下是气态的物质与空气混合能形成易燃、易爆的混合气体；有的物质是液态或固态，但暴露在空气中，遇明火极易燃烧；还有的物质本身就不稳定，当受热、震动或摩擦极易分解导致危害；有的物质具有毒性和放射性等等。因此，危险货物尤其是化学危险物品种类繁多，性质各异，有的还相互抵触。为了保证储运安全，方便运输，有必要根据各种危险货物的主要特性对危险货物进行分类。

另外，为适应国际贸易运输的需要，使危险货物运输在分类、标志、包装和运输条件等方面与国际接轨，我国国内铁路、公路、水路、民航等在制订或修订《危险货物运输规则》时，原则上都采用按联合国推荐的《危险货物运输》提出的危险货物分类方法所制订的国家标准 GB 6944-1986《危险货物分类和品名编号》所规定的危险货物分类，使国内各种运输方式的《危规》的危险货物分类得到统一。

我国于 1987 年 7 月 1 日颁布实施的国家标准 GB 6944-1986 将危险货物分成九类，其分类序列和名称依次为：第 1 类，爆炸品；第 2 类，压缩气体和液化气体；第 3 类，易燃液体；第 4 类，易燃固体、自燃物品和遇湿易燃物品；第 5 类，氧化剂和有机过氧化物；第 6 类，毒害品和感染性物品；第 7 类，放射性物品；第 8 类，腐蚀品；第 9 类，其他危险物品。

因国家标准 GB 6944-1986 中的第 9 类系适用于民航运输中的磁性物品和另行规定的物品（即指具有麻醉、毒害或其他类似性质，能造成飞行机组人员情绪烦躁或不适，以致影响飞行任务的正确执行，危及飞行安全的物品），但在汽车运输中无妨碍，故在我国交通部颁发的行业标准 JT 3130-1988《汽车危险货物运输规则》中未予列入。

（五）危险货物的确认

确认某一货物是否为危险货物，是危险货物运输管理的前提，也是保证客运和普通货物运输安全的前提。

仅凭危险货物的定义和危险品的分类标准来确认某一货物是否为危险货物，在具体操作上常有困难，承托双方也不可能对众多的危险品在需要运输时再作技术鉴定和判断，而且有时还会引起承托各方的矛盾。所以，各种运输方式在确认危险货物时，都采取了列举原则。各运输方式都颁布了本运输方式的《危险货物运输规则》（简称《危规》），各《危规》都在所附的《危险货物品名表》中收集列举了本规则范围内具体的危险货物的名称。在此基础上，国家发布了国家标准 GB 12268-1990《危险货物品名表》，列举了危险货物的具体品名表。据此，各运输方式结合自身的特殊性，也相继发布了《危险货物品名表》。

因此，危险货物必须是本运输方式《危险货物品名表》所列明的，方予确认、运输。

二、危险货物的运输装卸

（一）危险货物的包装标志

商品运输包装标志是指在运输包装外部制作的特定记号或说明。包装好的货物只有依靠标志，才能进入现代的物流而成为现代运输包装。物质流动要经过多环节、多层次的运动和中转，要完成各种交接，就需要依靠标志来识别货物；货物通常是包装在密闭的容器里，经手人很难了解内装物是什么，且内装产品性质不同、形态不一、轻重有别、体积各异，保护要求就不一样。这就需要通过标志来了解内装产品，以便正确有效地进行交接、装卸、运输、储存等。

危险货物包装标志是用来标明化学危险品的。这类标志为了能引起人们特别警惕，采用特殊的彩色或黑白菱形图示。图示标志危险货物包装标志必须指出危险货物的类别及危险等级。危险品的包装袋必须按照国家标准 GB 190—1990 的规定进行。标志的尺寸和使用方法及危险货物包装标志尺寸，按标准规定一般分为 4 种，特大或特小包装的货物标志大小，可不受此尺寸的限制。

危险货物包装标志图形应按规定的颜色印刷或标打。用于粘贴的标志可单面印刷。印刷标志用纸，应采用厚度适当、有韧性的纸张。粘贴或拴挂标志时，对箱状包装应位于包装两端或两侧的明显处；袋状、捆扎包装应位于包装明显的一面；桶形包装应位于桶盖或桶身；集装箱应粘贴四面。

每种危险品包装件应按其类别贴相应的标志。但如果某种物品还有属于其他类别的危险性质，包装上除了粘贴该类标志作为主标志以外，还应粘贴表明其他危险性的标志作为副标志。副标志图形的下角不应标有危险货物的类项号。

储运的各种危险货物性质的区分及其应标打的标志，应按 GB 6944、GB 12268 及国家运输主管部门规定的有危险货物安全运输管理的具体办法执行，出口货物的标志应按我国执行的有关国际公约（规则）办理。标志应清晰，并保证在货物储运期内不脱落。标志应由生产单位在货物出厂前标打，出厂后如改换包装，其标志由改换包装单位标打。

（二）危险物品的装卸要求

1. 爆炸品

爆炸品是指在外界作用下（如受热、撞击等）能发生剧烈化学反应，瞬时产生大量的气体和热量，使周围压力急剧上升，发生爆炸，对周围环境造成破坏的物品，也包括无整体爆炸危险，但有燃烧、抛射及较小爆炸危险，或仅产生热、光、音响或烟雾等一种或几种作用的烟火物品。

（1）公路运输爆炸品的安全要求

1）慎重选择运输工具。公路运输爆炸品货物禁止使用以柴油或煤气燃料的机动车，自卸车、三轮车、自行车以及畜力车同样不能运输爆炸物品。这是因为柴油车容易飞出火星，煤气车容易发火；三轮车和自行车容易翻倒，畜力车有时牲口受惊不易控制，这些对于安全运输爆炸品具有潜在危险性。

2）装车前应将货厢清扫干净，排除异物，装载量不得超过额定负荷。押运人应负责监装、监卸，数量点收点交清楚，所装货物高度超出部分不得超过货箱高的1/3；封闭式车厢货物总高度不得超过1.5米；没有外包装的金属桶（一般装的是硝化棉或发射药）只能单层摆放，以免压力过大或撞击摩擦引起爆炸；在任何情况下雷管和炸药都不得同车装运，或者两车在同时同一场所进行装卸。

3）公路长途运输爆炸品时，其运输路线应事先报请当地公安部门批准，按公安部门指定的路线行驶，不得擅自改变行驶路线，以利于加强运行安全管理，万一发生事故也可及时采取措施处置。车上无押运人员不得单独行驶，押运人员必须熟悉所装货物的性能和作业注意事项等。车上严禁捎带无关人员和危及安全的其他物资。

4）驾驶员必须集中精力，严格遵守交通法令和操作规程。行驶中注意观察，保持行车平稳。多辆车列队运输时，车与车之间至少保持50米以上的安全距离。一般情况下不得超车、强行会车，非特殊情况下不准紧急刹车。

5）运输及装卸工作人员，都必须严格遵守保密规定，对有关弹药储运情况不准向无关人员泄露，同时必须严格遵守有关库、场的规章制度，听从现场指挥人员或随车押运人员的指导。装卸时必须轻拿轻放，严防跌落、摔碰、撞击、拖拉、翻滚、投掷、倒置等，以免发生着火、爆炸。

（2）装卸爆炸品的安全要求

1）参与装卸的人员，都必须严格遵守保密规定，不准向无关人员泄露有关弹药储运情况。同时，必须严格遵守有关库、场的规章制度，听从现场指挥人员或随车押运人员的指导。

2）装卸时，必须轻拿轻放，稳中求快，严防跌落、摔碰、撞击、拖拉、翻滚、投掷、倒置等。

3）装车时，应分清弹药箱的种类、批号，点清数量，防止差错。

4）装车不得超高、超宽；堆放要稳固、紧凑、码平，非封闭式货厢的车辆装车后必须盖好苫布，苫布边缘必须压入栏板里面，再以大绳捆扎牢固。

5）火炸药和弹药当受到强烈的震动、撞击、摩擦、跌落、拖拉、翻滚等作用时，容易发生严重后果，必须严加注意。

由此可见，爆炸物品在装卸过程中一定要轻拿轻放，严禁摔、掷、撞、翻滚等有剧烈震动的操作行为。

2. 压缩、液化、加压溶解气体货物

将常温常压条件下的气体物质，经压缩或降温加压后，储存于耐压容器或特制的高强度耐压容器或装有特殊溶剂的耐压容器中，均属于压缩、液化、加压溶解气体货物。常见的气体货物如氧气、氢气、氯气、氨气、乙炔、石油气等。

（1）运输安全要求

1）夏季运输除另有限运规定外，车上还必须置有遮阳设施，防止曝晒。液化石油气槽车应有导静电拖地带。

2）运输可燃、有毒气体时，车上应备有相应的灭火和防毒器具。

3）运输大型气瓶，行车途中应尽量避免紧急制动，以防止气瓶的巨大惯性冲出车厢平台而造成事故。运输一般气瓶在途中转弯时，车辆应减速，以防止急转弯或车速过快时，所装气瓶会因离心力作用而被抛出车厢外，尤其是市区短途运输没有二道防震橡皮圈的气瓶更应注意转弯时的车速。

（2）装卸安全要求

1）操作人员必须检查气瓶安全帽齐全旋紧。操作时，严格遵守操作规程；装卸时，必须轻装轻卸，严禁抛、滑或猛力撞击。

2）徒手操作搬运气瓶，不准脱手滚瓶、脱手传接。装车时，要注意保护气瓶头阀，防止撞坏。气瓶一般应横向放置平稳，妥善固定，气瓶头部应朝向一方，最上一层不准超过栏板高度。小型货车装运气瓶，其车厢宽度不及气瓶高度时，气瓶可纵向摆放，但气瓶头部应紧靠前车厢栏板，不得竖装。

3）可以竖装的气瓶，如低温液化气体的杜瓦瓶，大型液化石油气钢瓶，必须采取有效的捆扎措施。

4）易燃气体不得与其他危险货物配载；不燃气体除爆炸品、酸性腐蚀品外，可以与其他危险货物配载；助燃气体（如空气、氧气及具有氧化性的有毒气体）不得与易燃、易爆物品及酸性腐蚀品配载；有毒气体不得与易燃、易爆物品氧化剂和有机过氧化物、酸性腐蚀物品配载，同是有毒气体的液氯、液氨亦不得配载。

3. 易燃液体货物

易燃液体货物是指易燃的液体、液体混合物或含有固体物质（如粉末沉积或悬浮物等）的液体（但不包括因其危险性已列入其他类别危险货物的液体），如乙醇（酒精）、苯、乙醚、二硫化碳（CS2）、油漆类以及石油制品和含有机溶剂制品等，其主要危险是燃烧和爆炸。

（1）运输安全要求

1）运输易燃液体货物，车上人员不准吸烟，车辆不得接近明火及高温场所。装运易燃液体的罐（槽）车行驶时，导除静电装置应接地良好。

2）装运易燃液体的车辆，严禁搭乘无关人员，途中应经常检查车上货物的装载情况，如捆扎是否松动、包装件有否渗漏。发现异常时应及时采取有效措施。

3）夏天高温季节，当天天气预报气温在30℃以上时，应根据当地公安消防部门的限运规定按指定时间内进行运输，如公安部门无具体品名限制的，对一级易燃液体（即闪点低于23℃）应安排在早、晚进行运输。如必须运输时，车上应具有有效的遮阳措施，封闭式车厢应保持通风良好。

4）不溶于水的易燃液体货物原则上不能通过越江隧道，或按当地有关管理部门的规定进行运输。

（2）装卸安全要求

1）易燃液体受热后，常会发生容器膨胀或鼓桶现象，为此，作业人员在装车时应认真检查包装的（包括封口）完好情况，发现鼓桶破损或渗漏现象不能装运。

2）装卸作业必须严格遵守操作规程，轻装、轻卸，防止货物撞击，尤其是内容器为易碎容器（玻璃瓶）时，严禁摔掼、重压、倒置，货物堆放时应使桶口、箱盖朝上，堆垛整齐、平稳。

3）易燃液体不能与氧化剂或强酸等货物同车装运，更不能与爆炸品、气体以及易自燃物品拼车。能溶于水的或含水的易燃液体不得与遇湿易燃物品同车装运。

4. 易燃固体、自燃物品和遇湿易燃物品货物运输

易燃固体指燃点低，对热、撞击、摩擦敏感，易被外部火源点燃，燃烧迅速，并可能散出有毒烟雾或有毒气体的固体货物，如赤磷及磷的硫化物、硫黄、萘、硝化纤维塑料等。

自燃物品指自燃点低，在空气中易于发生氧化反映，放出热量，而自行燃烧的物品，如黄磷和油浸的麻、棉、纸及其制品等。

遇湿易燃物品指遇水或受潮时，发生剧烈化学反应，放出大量易燃气体和热量的物品，有些不需明火，即能燃烧或爆炸，如钠、钾等碱金属，电石（碳化钙）等。

（1）运输安全要求

1）行车时，要注意防止外来明火飞到货物中，要避开明火高区域场所。

2）定时停车检查货物的堆码、捆扎和包装情况，尤其是要注意防止包装渗漏留有隐患。

（2）装卸安全要求

1）装卸时要轻装轻卸，不得翻流。尤其是含有稳定剂的包装件或内包装是易碎容器的，应防止撞击、摩擦、摔落，致使包装损坏而造成事故。

2）严禁与氧化剂、强酸、强碱、爆炸性货物同车混装运输。

3）堆码要整齐、靠紧、平稳，不得倒置，以防稳定剂的流失或易燃货物的撒漏。

5. 氧化剂和有机过氧化物货物运输

氧化剂系指处于高氧化态，具有强氧化性，易分解并放出氧和热量的物质，包括含过氧基的无机物。这些物质本身不一定可燃，但能导致可燃物燃烧，与松软的粉末状可燃物能组成爆炸性混合物，对热、震动、摩擦较敏感，如硝酸钾、氯酸钾、过氧化钠、过氧化氢（双氧水）等。

有机过氧化物系指分子组成中含有过氧基的有机物，其本身易爆易燃、极易分解，对热、震动与摩擦极为敏感，如过氧化二苯甲酰及过氧化乙基甲基酮等。

（1）运输的安全要求

1）根据所装货物的特性和道路情况，严格控制车速，防止货物剧烈震动、摩擦。

2）控温货物在运输途中应定时检查制冷设备的运转情况，发现故障应及时排除。

3）中途停车时，也应远离热源、火种场所，临时停靠或途中住宿过夜，车辆应有专人看管，并注意周围环境是否安全。

4）重载时发生车辆故障维修时应严格控制明火作业，人不准离车，同样要注意周围环境是否安全，发现问题应及时采取措施。

（2）装卸操作安全要求

1）装卸场所应远离火种、热源，夜间应使用防爆灯具。对光感的物品要采取遮阳避光措施。

2）操作中不能使用易产生火花的工具，切忌撞击、震动、倒置，必须轻装、轻卸、捆扎牢固，包装件之间应妥帖整齐，防止移动摩擦，并严防受潮。

3）用钢桶包装的强氧化剂如氯酸钾等不得堆码。必须堆码时，包装之间必须有安全衬垫措施。

4）雨、雪天装卸遇水易分解的氧化剂（如过氧化钠、过氧化钾、漂粉精、保险粉等），必须具备防水的条件下才能进行装卸作业。装车后，必须用苫布严密封盖，严防货物受潮。

5）袋装的氧化剂操作中严禁使用手钩；使用手推车搬运时，不得从氧化剂撒漏物上面压碾，以防受压摩擦起火。

6）氧化剂对其他货物的敏感性强，因此与绝大多数有机过氧化物、有机物、可燃物、酸类货物等严禁同车装运。

6. 毒害品和感染性物品货物运输

毒害品是指进入肌体后，累积达一定的量，能与体液和组织发生生物化学作用或生物物理变化，扰乱或破坏肌体的正常生理功能，引起暂时性或持久性的病理状态，甚至危及生命的物品，如四乙基铅、氢氰酸及其盐、苯胺、硫酸二甲酯、砷及其化合物以及生漆等。

感染性物品指含有致病的微生物，能引起病态甚至死亡的物质。

（1）运输安全要求

1）防止货物丢失，这是行车中要注意的最重要事项。如果丢失不能找回，毒品落到没有毒品知识的群众或犯罪分子手里，就可能酿成重大事故。刀一丢失而又无法找回，必须紧急向当地公安部门报案。

2）要平稳驾车，勤加瞭望，定时停车检查包装件的捆扎情况，谨防捆扎松动、货物丢失。

3）行车要避开高温，明火场所；防止袋装、箱装毒害品淋雨受潮。

4）用过的苫布，或被毒害品污染的工具及运输车辆，在未清洗消毒前不能继续使用，特别是装运过毒害品的车辆未清洗前严禁装运食品或活动物。

（2）装卸操作安全要求

1）作业人员必须穿戴好防护服装、手套、防毒口罩或面具。防护用品每次使用后必须清洗，不能穿戴回家，应集中清洗，以防止发生意外事故。

2）装卸操作时，人尽量站立在上风处，不能在低洼处久待；搬运装卸时，应做到轻拿轻放，尤其是对易碎包装件或纸袋包装件不能摔损，避免损坏包装使毒物泄漏造成危害。

3）堆码时，要注意包装件的图示标志，不能倒置，堆码要靠紧堆齐，桶口、箱口向上，袋口朝里。小件易失落货物（尤其是剧毒品氰化物、砷化物、氰酸酯类），装车后必须用苫布严盖，并用大绳捆扎牢固。

4）装卸操作人员不能在货物上坐卧、休息，特别是夏季衣衫汗湿，易沾染有毒粉尘，不能用衣袖在脸上擦汗，以免毒物经皮肤侵入中毒。如皮肤受到玷污，要立即用清水冲洗干净。作业结束后要换下防护服，洗手洗脸后才能进食饮水吸烟。

5）要尽量减少与毒害品的接触时间，要加强对作业人员的关注，发现有呼吸困难、惊厥、昏迷要立即送医院抢救。

6）无机毒害品除不得与酸性腐蚀品配载外，还不得与易感染性物品配装。有机毒害品不得与爆炸品、助燃气体、氧化剂、有机过氧化物等酸性腐蚀物品配载。

7. 放射性物品运输

根据国家标准规定，放射性物品系指放射性比活度大于 7.4×104 贝可/千克的物品。

一些元素和它们的化合物或制品，能够自原子核内部自行放出穿透力很强而人的感觉器官不能察觉的粒子流（射线），具有这放射性的物质称为放射性物品，其中将比活度大于 7.4×104 贝可/千克的物品归于危险货物中的放射性物品，而放射性比活度小于 7.4×104 贝可/千克的，因其放射性活度很小，不会对人体造成危害，可按普通货物运输办理。

放射性物质有如块状固体、粉末、晶粒、液态和气态等各种物理形态，如铀、钍的矿石及其浓缩物，未经辐照的固体天然铀、贫化铀和天然钍以及表面污染物体（surface contaminated objects，SCO）等。

（1）放射性物品的配载

1）除特殊安排装运的货包外，不同种类的放射性货包（包括可裂变物质货包）可以混合装运、储存，但必须遵守总指数和间隔距离的规定。

2）放射性物品不能与其他各种危险品配载或混合储存，以防危险货物发生事故，造成对放射性物品包装的破坏，也避免辐射诱发其他危险品发生事故。

3）不受放射线影响的非危险货物可以与放射性物品混合配载。放射性货物应与未感光的胶片隔离。

（2）放射性货物运输装卸过程中的辐射防护放射性照射又称辐射。辐射防护的目的是保障辐射工作人员（包括运输人员）和广大居民的健康，以及保护环境不受污染，以使伴有射线和放射性物质的生产科研活动得以顺利进行。

射线对人体的照射有 2 种：一种是人体处在空间辐射场中所受到的外照射；二是摄入放射性物质对人体或人体的某器官组织所形成的内照射。对 2 种照射都要进行防护。

8. 腐蚀品货物运输

凡从包装内渗漏出来后，接触人体或其他货物，在短时间内即会在被接触表面发生化学反应或电化学反应，造成明显破坏现象的物品，称为腐蚀品。如硝酸、硫酸、氯磺酸、盐酸、甲酸、溴乙酰、冰醋酸、氢氧化钠、肼和水合肼、甲醛等。

（1）运输安全要求

1）驾驶员要平稳驾驶车辆，特别在载有易碎容器包装的腐蚀品的情况下，路面条件差、颠簸震动大而不能确保易碎品完好时，不得冒险去通过。

2）每隔一定时间要停车检查车上货物情况，发现包装破漏要及时处理或丢弃，防止漏出物损坏其他包装酿成重大事故。

（2）装卸安全要求

1）腐蚀品的配载，应注意：①酸性腐蚀品和碱性腐蚀品不能配载；②无机酸性腐蚀品和有机酸性腐蚀品不能配载；③无机酸性腐蚀品不得与可燃品配载；④有机腐蚀品不得与氧化剂配载；⑤硫酸不得与氧化剂配载；⑥腐蚀品不得与普通货物配载，以免对普通货物造成损害。

2）装卸作业时要轻装轻卸，防止撞击、跌落，禁止肩扛、背负、揽抱。

钩拖腐蚀品。酸坛外包装要用绳索套底搬动，以防脱底、酸坛摔落，发生事故。

3）堆装时应注意指示标记，桶口、瓶口、箱盖朝上，不准横放倒置，堆要整齐、靠紧、牢固；没有封盖的外包装不得堆码。

4）装卸现场应视货物特性，备有清水、苏打水（对酸性能起中和作用）希醋酸（对碱性起中和作用），以应急时之需。

5）需要丢弃时，要注意环境安全。

三、危险货物运输组织管理

（一）危险货物运输存在的一般问题

危险货物运输管理在国内存在的问题在很大程度上是相近的，也是明显的，主要表现在以下几个方面。

1. 企业规模小，专业化程度低

（1）企业规模小。虽然国内大多数的危险货物运输企业已经达到了交通部《道路危险货物运输管理规定》所要求的"必须具有十辆以上专用车辆"的规定，但有相当一部分是用普通车辆抵充危险货物运输专用车辆的，而且挂靠的现象比较严重。真正能提供多品种、大批量危险货物运输的企业还不多。

（2）专业化程度较低。目前危险货物运输企业中自产自运的占相当大的比重，由于产运合一，危险货物运输企业经营目的是为了满足本单位生产经营的运输需要，而不是为了社会提供危险货物运输服务，而有能力组建专业的危险货物运输企业由于货源不能保证等原因不敢扩大规模，这是造成危险货物运输企业小、散、弱的一个主要原因。

（3）虽然严格把关，严禁不合格的企业、车辆、人员从事道路危险货物运输。但是，由于危险货物生产使用的企业分布广，批量小，要求高，而能提供专业服务的企业又相对较少，且分布不均匀，难以全面满足用户的要求，从而导致一些不符合要求的企业还在非法从事危险货物运输，无证经营还禁而不止，危险货物运输市场秩序还较混乱。

2. 车辆技术状况、运输设备、设施等技术装备还比较落后

（1）危险货物运输车辆折旧年限过长，老旧车辆、带病车辆大量存在，车辆技术状况较差，专业运输车辆少，有的车辆由于年使用年限超过 7 年定为二级车后，虽然运管部门不再发放危险货物运输车辆的《道路运输证》，但有不少车辆继续在营运。

（2）装运设备、安全设施等技术水平低，人工装卸、自制罐（桶）设备、设施老化，极容易造成漏泄、爆炸等。

（3）运输设备和安全设施的专业维修缺乏专业技术人才、维修技术标准和维修定额标准等。大多数地方还没有专门的定点的危险货物运输车辆维修厂。

3. 缺乏专业技术人员

在危险货物运输专项整治过程中，狠抓人员培训，加大了从业人员上岗资格检查和培训力度，取得了良好的效果。但也存在以下的问题。

（1）掌握危险货物运输业务知识的运管人员偏少，而且只限于专职危险货物运输管理人员中，而很少对具体在现场管理中的稽查人员进行危险货物运输基础知识培训。掌握危险货物运输业务知识的运管人员数量不足和知识的缺乏造成危险货物运输管理不能到位。

（2）从业人员缺少专业业务知识。驾驶员、押运人员、装卸人员是道路危险货物运输安全的主体，建立一支高素质的从业人员队伍，对保障危险货物运输安全有着至关重要的作用。然而，目前相当多的从事危险货物运输的驾驶员、押运人员、装卸人员文化水平普遍较低，加上对危险货物运输从业人员的培训的时间短，教材相对比较简单，培训考试的要求和级别比较低，造成从业人员特别是危险货物运输车辆的驾驶员中普遍存在着安全驾龄短、技术素质低、安全意识差，这是道路危险货物运输安全的重大隐患。

（3）无证上岗还比较严重。由于参加危险货物运输培训的人员较少，培训班不能定时开办而且周期长，导致从业人员不能及时参加培训，而提前无证上岗。同时由于"治三乱"的影响，稽查人员上路检查的较少、对危险货物运输车辆查得更少，无法对证经营者形成威慑力。因此，在危险货物运输中无证上岗的情况还比较严重。

4. 企业安全管理不到位

（1）由于企业规模小、缺少具有专业知识的管理人员，组织机构、管理制度不健全等原因导致企业安全管理不力，措施难以到位。目前有相当多的企业由于采用了租赁、承包甚至挂靠的经营方式，在安全管理中存在着"以包代管、以保代管、以罚代教"的现象。说起来重要、做起来次要、忙起来不要已成为一些企业领导安全工作的"游戏规则"，一些企业没有建立完善的安全管理制度或虽制定了制度但没有很好地落实，使得安全管理制度变成一纸空文，安全管理漏洞百出，安全事故频发。

（2）有的危险货物运输企业对车辆技术状况的管理缺乏源头管理和动态监管方法和措施，不能及时掌握车辆技术状况完好程度。有的企业片面追求经济效益，没有按照"强制维护、定期检测、视情修理"的规定对车辆进行维护和检测，或者维护检测流于形式，造成车辆技术性能不能保证。同时还有部分已定为二级车况的车辆还继续在从事危险货物运输，普通运输车辆运输危险货物的现象较普遍，还有加大罐车的罐体严重超载等，留下了安全隐患。

（3）企业安全管理的手段落后，缺乏有效的教育、监管、激励、奖惩机制。企业往往忙于事后的事故处理，疏于事前的安全教育、制度的制定和落实以及事故的防范。

（二）公路危险货物运输组织管理的法规依据

自 1949 年以后，我国于 1954 年、1962 年、1971 年先后制定和修订了《危险货物运输规则》，这对保障我国危险货物的安全运输起到了重要作用。随着国民经济发展，危险货物运量和品种的增加，以及运输方式、运输结构的变化，原来适用于铁路、公路、水路运输的《危险货物运输规则》已不能适应现代生产发展和管理的需要。因此，自 1982 年以来，国家有关部门结合我国实际情况，借鉴国际及其他国家的成功经验，研究制定出一系列的危险货物运输法规、标准、规范，初步形成了我国危险货物运输法规体系。《危险货物运输规则》主要分行政法规和技术法规两部分。

1. 行政法规

（1）《中华人民共和国刑法》中，第二章危害公共安全罪和第六章妨害社公管理秩序罪的规定，涉及了非法运输枪支、弹药；违反规章制度，因而发生重大事故；违反爆炸性、易燃性、放射性、毒害性、腐蚀性物品管理规定，保存、运输中发生重大事故；运输鸦片、海洛因、吗啡或其他毒品。这些与危险货物运输有关，要追究其法律责任、经济责任和行政责任。

（2）国务院于 1987 年 2 月 17 日发布的（国发 [1987]14 号）文《化学危险品安全管理条例》，是现行化学危险货物安全管理法规中层次最高的行政法规。

（3）交通部于 1993 年 12 月 8 日发布的交运发（1993）1382 号文《道路货物运输管理规定》（以下简称《规定》），是交通部新中国成立以来，对道路危险货物运输管理最权威、最系统的文件，是道路运输管理机构执法人员的执法依据，是交通部道路危险货物运输管理的部颁规章。它明确了各级交通主管部门及其所属道路运输管理机关是道路危险货物运输的主管机关；明确了道路危险货物运输的基本条件和审批程序；明确了承、托运双方在道路货物运输过程中的责任和因过失应负的责任；明确了道路运政管理机关对危险货物运输的监督检查职责。

（4）交通部于 2001 年 5 月 21 日发布的（交公路发 [2001]240 号）《全国道路化学危险货物运输专项整治实施方案》，是在国务院 2001 年 4 月 21 日颁发第 302 号国务院令《国务院关于特大安全事故行政责任追究的规定》后发布的。

（5）公安部 1994 年 3 月 24 日发布《易燃易爆化学物品消防安全监督管理办法》（公安部第 18 号令），是对生产、使用、储存、经营、运输、销毁易燃易爆化学物品的单位和个人进行消防安全监督的部颁规章。

（6）劳动部 1994 年 6 月 24 日发布劳动部（1994）262 号《液化气体汽车罐车安全监察规程》，是根据国务院（锅炉安全监察规程）制定的部颁规章。

2. 技术法规

危险货物的运输及其管理，又是一项技术性很强的工作。近年来，我国在加强危险货物运输的立法管理过程中，还颁布了不少有关危险货物的技术标准。标准又分为强制性标准和推荐性标准两种。危险货物的技术标准，大都是强制性的。国务院 1979 年 7 月 31 日颁发国发（1979）189 号《中华人民共和国标准化管理条例》（以下简称《条例》）规定了标准的法律性质，明确了标准具有技术立法和经济立法的效力。

（1）国家标准

1）GB 6944—1986（危险货物分类和品名编号》。危险货物在道路、水运、铁路、民航等运输中，为便于交接，依据本标准的定义、界定范围，使用同一编号。它规范了我国危险货物在生产、销售、运输、储存和使用过程中的管理，便于托运人正确、准确地填写托运单据，使承运方对本危险货物采取。必要的防护措施，选用妥善的车型。

2）GB 12268—1990（危险货物品名表》。依据 GB 6944—1986《危险货物分类和品名编号》的分类定义和编号规定，把所能收集到的国际、国内危险货物品名，逐一分类、定号，形成单独一册的品名表，便于查找，在备注里有联合国危险货物专家推荐委员会的编号 UN××××，为进、出口商贸运输提供了方便。

3）GB 13392—1992（（道路运输危险货物车辆标志》。本标准规定：凡从事道路危险货物运输车辆，必须悬挂危险品标志灯、牌，便于对方会车或后边车辆识别，提前采取避让措施，避免发生撞击、震荡，使车上的危险货物发生意外。危险品标志灯，必须放置在车辆驾驶室上方的中央部位，夜晚或阴沉黑暗的天气时，应点亮灯光。危险品标志牌必须放在车辆尾部的右侧，与左侧行车牌号对应。该标志牌不得放在前保险杠、驾驶室内，甚至不悬挂，必须规范使用。

4）GB 12463—1990《危险货物运输包装通用技术条件》。

5）GB 190—1990《危险货物包装标志》。

6）GB 191—2000《包装储运图示标志》。

7）GB 7144—1999《气瓶颜色标志》。

8）GB 7694—1987《危险货物命名原则》。

9）GB 11806—1990《放射性物质安全运输规定》。

（2）交通部标准

1）JT 3130—1988《汽车危险货物运输规则》。该标准为我国道路运输危险货物行业管理的第一个强制性技术标准，对全国道路危险货物运输管理的技术指导起到了应有的作用，使近年来道路危险货物运输事故大大减少。

标准分为：适用范围、引用标准、分类和分项、包装和标志、车辆和设备、托运和单证、承运和交接、运输和装卸、保管和消防、劳动防护和医疗急救、监督和管理，共计 11 部分。

2）JT 3145—1991《汽车危险货物运输、装卸作业规程》。该标准是从事道路危险货物运输、装卸、押运等人员，必须遵照执行的安全作业规程。

标准分为：主题内容与适用范围、引用标准、运输、装卸作业基本要求、运输作业要求、装卸作业要求，共计 5 部分。

3）JT 0017—1988（《公路、水路危险货物运输包装基本要求和性能试验》。该标准对公路、水路危险货物运输包装做了规定，它不仅是保护产品质量不发生变化，而且是防止运输过程中发生燃烧、爆炸、毒害、腐蚀和放射性污染等事故的重要条件之一，也是安全运输的基础。

标准分为：引言、包装等级、基本要求、包装型号、包装标记、包装容器、性能试验，共计 7 个部分。

这些法规、标准对危险货物运输的基本条件、技术标准、作业规程、业务程序、运输工艺和生产安全、行业管理、应急措施等均进行了全面的规范。

（三）危险货物运输资质管理

1. 从事公路危险货物运输的基本条件

运输企业或单位必须具备以下条件，并经公路运政管理机关批准，方能从事危险货物的运输。

（1）拥有与所从事危险货物运输范围相适应的停车场站、仓储设施等，并符合国家《消防条例》的规定。

（2）运输危险货物的车辆、装卸机械和工具等，必须符合《汽车危险货物运输规则》规定的技术条件和要求。

（3）从业人员必须掌握危险货物基础知识，熟悉公路危险货物运输技术业务和有关安全管理规章，政治思想、技术业务素质符合岗位规范要求，对直接从事危险货物运输、装卸、理货等货物的作业人员，须经过培训、考核并取得道路运政管理机关颁发的"道路危险货物运输操作证"，持证上岗。

（4）从事公路危险货物运输的单位必须有健全的安全生产规程、岗位责任制度、车辆设备维修制度、安全管理制度和监督保障体系。

2. 公路危险货物运输的资质凭证

公路危险货物运输的资质凭证是证明公路危险货物运输者、作业者的基本条件符合规定要求，并经过办理申报批准手续，有资格从事公路危险货物运输、作业的凭证。它包括由公路运政管理部门审批、发放的加盖"危险货物运输"字样的《道路运输经营许可证》《道路营业运输证》或《道路非营业运输证》《危险货物作业证》以及公路危险货物运输车辆标志和消防工作合格文件等。从业者凭《道路运输经营许可证》，向当地工商行政管理部门办理《工商营业执照》。

公路危险货物运输车辆的《道路营业运输证》，是在办理了《道路运输经营许可证》和《工商营业执照》后，按营运车辆数从管辖道路运政管理机关领取的一车一证，是随车同行的。

公路危险货物运输车辆的《道路非营业运输证》是非营业性公路危险货物运输车辆运行的凭证，它是在办理了非营业性公路危险货物运输手续后，凭批准文件从主管公路运输行政管理机关领取，一车一证，随车同行。

公路危险货物运输车辆标志，按国家规定是印有黑色"危险品"字样的三角形小黄旗；有的地方法规规定是印有黑色"危险品"字样的黄色三角灯。公路危险货物运输车辆标志的功能是在装运危险货物车辆运行和存放时向人们示警，以利于加强安全警戒和安全避让，这对保障安全生产具有重要作用。公路运输危险货物作业证，是从事危险货物装卸、保管、理货和业务人员上岗作业的凭证。按职业岗位规范的要求，凡公路危险货物作业人员，必须经过规定内容的技术业务培训，方准上岗作业。

公路危险货物运输业户的安全工作合格文件，是指公安、消防部门按国家消防法规的规定，对公路危险货物运输车辆的安全技术状况、运输设施的安全措施、生产安全制度、作业人员素质、消防设施和措施等进行审验合格后，发给的凭证文件。

综合上述，做好资质凭证的颁发工作，正确贯彻执行危险货物运输法律、规章制度，以及必要的管理和监督，是保障公路危险货物运输行业素质，保证安全运输的基本条件。

（四）办理危险货物运输业务有关规范

危险货物运输，要经过受理托运，仓储保管，货物装卸、运送、交付等环节，这些环节分别由不同岗位人员操作完成。其中，受理托运、货物运送及交接保管工作环节尤其应加强管理，其规范要点如下。

1. 受理托运

（1）在受理前必须对货物名称、性能、防范方法、形态、包装、单件重量等情况进行详细了解并注明。

（2）问清包装、规格和标志是否符合国家规定要求，必要时下现场进行了解。

（3）新产品应检查随附的《技术鉴定书》是否有效。

（4）按规定需要的"准运证件"是否齐全。

（5）做好运输前准备工作，装卸现场、环境要符合安全运输条件，必要时应赴现场勘察。

（6）到达车站、码头的爆炸品、剧毒品、一级氧化剂、放射性物品（天然铀、钍类除外），在受理前应赴现场检查包装等情况，对不符合安全运输要求的，应请托运人改善后再受理。

2. 货物运送

（1）详细审核托运单内容，发现问题要及时弄清情况，再安排运行作业。

（2）必须按照货物性质和托运人的要求安排车班、车次，如无法按要求安排作业时，应及时与托运人联系进行协商处理。

（3）要注意气象预报，掌握雨雪和气温的变化。

（4）遇有大批量烈性易燃、易爆、剧毒和放射性物资时，须作重点安排，必要时召开专门会议，制定运输方案。

（5）安排大批量爆炸物品与剧毒物品跨省市运输时，应安排有关负责人员带队，指导装卸和运行，确保安全生产。

（6）遇有特殊注意事项，应在行车单上注明。

3. 交接保管

（1）自货物交付承运起至运达止，承运单位及驾驶、装卸人员应负保管责任。托运人派有押运人员的应明确各自应负的责任。

（2）严格货物交接，危险货物必须点收点交签证手续完善。

（3）装货时发现包装不良或不符安全要求，应拒绝装运，待改善后再运。卸货时发生货损货差，收货人不得拒收，并应及时采取安全措施，以避免扩大损失，同时在运输单证上批注清楚。驾驶员、装卸工返回后，应及时汇报，及时处理。

（4）因故不能及时卸货，在待卸期间行车人员应负责对所运危险货物的看管，同时应及时与托运人取得联系，恰当处理。

（5）如所装货物危及安全时，承运人应立即报请当地运管部门会同有关部门进行处理。

（五）公路运输危险货物运输车辆及站场设施管理

1. 危险货物运输车辆的技术要求

危险货物具有燃烧、爆炸、毒害、腐蚀及放射等危险性质。这些性质的存在，就决定了运输危险货物车辆的结构、性能和装备必须符合一些相应的特殊要求。

（1）车辆排气管应有隔热罩和火星熄灭装置。

（2）装运大型气瓶，可移动式槽罐的车辆必须装备有效的紧固装置。

（3）车厢底板必须平整完好，周围栏板必须牢固。

（4）在装运易燃易爆危险品时，一般应使用木质底板车厢，如是铁质底板，就应采取衬垫防护措施，例如铺垫胶合板、橡胶板等，但不能使用稻草片、麻袋等松软材料。

（5）装有易燃易爆危险品的车辆，不得使用明火修理或采用明火照明，不得和易产生火花的工具敲击。

（6）装运放射性同位素的专用车辆、设备、搬运工具、防护用具，必须定期进行放射性污染程度的检查，当污染量超过规定允许水平时，不得继续使用。

（7）根据所装危险货物的性质，车辆要配备相应的消防器材和捆扎、防散失、防水等工具、用具。

（8）装运危险品的车辆应具备良好避震性能的结构和装置。

（9）装运危险货物的车辆必须按国家标准 GB 13392—1992 规定设置"危险品"字样的信号装置，即三角形磁吸式"危险品"字样的黄色顶灯和车尾标志牌。

（10）对运输危险货物车辆的限制：①拖拉机不得装运爆炸物品、一级氧化剂、有机过氧化物、一级易燃物品（包括固体、液体和气体）；②自卸车原则上不得装运各类危险货物，但沥青、粗蒽、萘、散袋硫黄除外；③非机动车不得装运爆炸品、压缩气体和液化气体（民用液化石油气暂予免除限制）；④畜力车不能驮运起爆器材、炸药或爆炸物品。

2. 公路危险货物运输设施管理

运输设施是指按一定技术标准建设，具有特定功能，供运输生产作业、经营活动使用的建筑物及场所。公路危险货物运输设施，主要包括供危险货

物运输使用的汽车场、汽车站、停车场、专用仓库等建筑物、场地及其他从事公路危险货物运输生产作业、经营活动的场所。

（1）公路危险货物运输设施的建设要求公路危险货物运输设施建设，在选址、布局、结构、功能等方面，既要适应危险货物运输的技术条件、生产安全的要求，又必须符合环境保护、消防安全、劳动保护、交通管理等方面的规定。公路危险货物运输设施，一般应建设在人口稀少的郊区，远离工厂企业、机关团体、商业网点密集及居民密集地区。建筑设计中，应充分考虑危险货物作业场所对消防措施、安全防护、三废处理、生态环境的特殊要求及万一发生事故的应急措施等问题。

为了使储存危险货物的仓库一旦发生燃烧等危险事故时，能限制灾情的扩大，各个储存危险货物的仓库之间，要保持一定的防火安全距离，危险货物仓库之间，一般要保持防火间距 20～30 米。如果是储存爆炸物品和放射性物品，则必须按国家有关规定办理。

储存危险货物的仓库，在建筑设施上也有一定的要求。如仓库面积不要太大，一般不超过 400～600 平方米；仓库区必须与行政管理、生活区分开；每间库房应设有 2 个或不少于 2 个的安全出入口，库门应朝外开启。储存危险货物的仓库，还应有通风、防潮、防汛和避雷设施。仓库的电源装置必须采用防爆、隔离、密封式的安全设置。公路危险货物

运输的主管机关及运输企业都应当分别制订和实施各层次的运输设施管理制度，并按照制度的要求，切实加强运输设施的使用监督和技术状况的检查、维护工作，保证运输设施技术状况的完好。

（2）公路危险货物运输生产现场的安全管理运输生产现场的安全管理，主要是指对公路危险货物运输的重点干线、车站、港口、仓库、工厂及其他有关物资单位相关场所的安全设备、环境条件、车辆进出程序、货物装卸、储存保管货物、生产组织及其他生产作业中的安全管理工作。为切实搞好公路危险货物运输现场的安全管理，要制定相应的管理规则、岗位责任制、工作标准、管理工作程序和货物装卸操作规程等规章制度，并严格监督执行。

在运输现场安全管理的组织措施上，公路危险货物运输企业应建立健全运输现场安全管理网。现场安全管理网，是在企业调度部门统一负责下，由调度、安全、质量机构及现场管理人员共同组成的管理体系。现场管理人员在人事关系上分属调度机构及有关车队领导；在业务工作上，由调度、安全、质量部门负责指导、安排具体工作任务。

各网点现场人员应掌握危险货物运输有关的政策、法规、制度和操作规程、建立联系制度，做好安全、质量的监督、检查工作，及时处理现场发生的问题。

第二节　大件货物运输工作组织

一、大件货物运输的概念和分类

（一）大件货物运输的含义

汽车运输货物中，有些货物具有长、大或重的特点，甚至几者皆有之，这些货物称为笨重货物或超限货物，简称大件货物。大件货物在汽车货运总量中所占比重不大，但由于这类货物在体积、质量上往往超过普通车辆允许的载重量或容积，甚至超过公路、桥涵的净空界及通过能力，所以汽车运输大件时的安全、质量、效率问题尤为突出，组织好大件运输具有很大意义。一级大件货物：货物长度 6 ~ 10 米，或质量 4 吨（不含 4 吨）至 8 吨的货物。二级大件货物：货物长度 10 ~ 14 米，或质量 8 吨（不含 8 吨）至 20 吨的货物。

所谓大件货物是指货物装车后超长、超高、超宽、超重，运输时需要有关部门配合进行排障、护送的货物。超限货物运输包括：①装载后车与货的总重量超过所经路线桥涵、地下通道的限载标准；②货物宽度超过 4 米；③载货车辆最小转弯半径大于所经路线设计弯道半径；④装载总高度超过 5 米；通过电气化铁路平交道口时，装载总高度超过 4.2 米；通过无轨电车线路时，装载总高度超过 4 米；通过立交桥和人行过街天桥时，装载总高度超过桥下净空限制高度。大件（超限）货物运输是公路运输中的特定概念，指使用非常规的超重型汽车列车（车组）载运外形尺寸和重量超过常规车辆装载规定的大型物件的公路运输。

超限运输有 3 种形态：①车辆及其装载货物的外形几何尺寸超过规定值；②车货总重超过规定值；③车辆任一轴的轴载质量超过规定值。

（二）公路超限货物类型

根据我国公路运输主管部门现行规定，公路大件货物按其外形尺寸和重量分成 4 级，如表 6-1 所示。

表 6-1 大型物件分组表

大件物件级别	重量 /t	长度 /m	宽度 /m	高度 /m
一	40~（100）	34~（20）	3.5~（4）	3~（3.5）
二	100~（180）	20~（25）	4~（4.5）	3.5~（4）
三	180~（300）	25~（40）	4.5~（5.5）	4.0~（5）
四	300 以上	40 以上	5.5 以上	5 以上

注：1."括号数"表示该项参数不包括括号内数值。

2. 货物的重量和外廓尺寸中，有一项达到表列参数，即为该级别的超限货物，货物同时在外廓尺寸和重量达到两种以上等级时，按高限级别确定超限等级。

二、大件货运的特点和界定

（一）大件货物运输的特点

与普通公路货运相比较，超限货运具有以下特殊性。

（1）大件货物要用超重型挂车作载体，用超重型牵引车牵引和顶推。而这种超重型车组（即汽车列车）是非常规的特种车组，车组装上大件货物后，其重量和外形尺寸大大超过普通汽车列车和国际集装箱汽车列车。因此，超重型挂车和牵引车都是用高强度钢材和大负荷轮胎制成，价格昂贵，而且要求行驶平稳，安全可靠。

（2）运载大件货物的超重型车组要求通行的道路有足够的宽度和净空、良好的道路线形，桥涵要有足够的承载能力，有时还要分段封闭交通，让超重型车组单独通过。这些要求在一般道路上往往难以满足，必须事先进行勘察，运输前采取必要的工程措施，运输中采取一定的组织技术措施，超重型车组才能顺利通行。这就牵涉到公路管理、公安交通、电信电力、绿地树木等专管部门，必须得到这些部门的同意、支持和配合，采取相应措施，大件货物运输才能进行。

（3）大件货物运输必须确保安全，万无一失。大型设备都是涉及国家经济建设的关键设备，重中之重，稍有闪失，后果不堪设想。为此要有严密的质量保证体系，任何一个环节都要有专职人员检查，按规定要求严格执行，未经检查合格，不得运行。所以安全质量第一的要求，既是大件货物运输的指导思想，也是大件货物运输的行动指南。

由于大件货物运输要求严、责任重，所运大件价值高、运输难度大，牵涉面广，所以受到各级政府和领导、有关部门、有关单位和企业的高度重视。

（二）法律对大件（超限）货物运输的界定

根据交通部《超限运输车辆行驶公路管理规定》，运输车辆有以下三类情形之一的，就属超限运输车辆和超限运输。

1．外廓尺寸超限

（1）车高4.0米，集装箱高4.2米以上（均从地面算起）。

（2）车货总长18.0米以上。

（3）车货总重宽度2.5米以上。

2．车货总质量超限

（1）单车、半挂列车、全挂列车40吨（40 000千克）以上。

（2）集装箱46吨（46 000千克）以上。

3．轴载质量超限

（1）单轴

1）每侧单轮胎轴载质量6吨以上。

2）每侧双轮胎轴载质量10吨以上。

（2）双联轴

1）每侧单轮胎，轴载质量10吨以上。

2）每侧各一单一双轮胎，轴载质量14吨以上。

3）每侧均为双轮胎，轴载质量18吨以上。

（3）三联轴

1）每侧单轮胎轴载质量12吨以上。

2）每侧双轮胎轴载质量22吨以上。

要特别注意的是任何一辆载货汽车，只要符合以上3类12种规定情形之一的属超限。不需要同时具备2个以上的条件，更不需要具备全部条件；同时，还必须注意轴载质量超限是超限运输管理的最本质要件。

三、大件（超限）货物运输和超载货物运输的区别

超限运输与通常意义上讲的超载从表面上看好像是一回事，但它们存在着本质的区别。一是性质不同。超载是指在公路上行驶的车辆在装载货物时超过本身的额定质量，俗称载重量超过定额标准，是指超过对车辆本身装载的限制。超限是指车辆装载货物超过公路对车辆轴荷的限制，它所研究的主要是车辆装载与公路承载能力的关系。二是管理机关不同。

根据我国法律、法规职责分工，超限运输行为应由公路路政部门从保护路产，维护路权的角度负责管理；而对车辆超载行为则应由公安交警部门从交通安全的角度来管理。三是适用法律、法规不同。对超限运输的管理，适用中华人民共和国《公路法》《超限运输车辆行驶公路管理规定》及其相关路政管理法律法规；而对超载的管理适用《中华人民共和国道路交通安全法》等法律法规。

从车辆的轴载质量来看，超限和超载又是相互联系的。超限一般是超载，而超载不一定是超限。在一般情况下往往是严重超载，才能引起超限，因为它们之间的联系有 3 种情况：一是超载不超限，如一台两轴的东风牌货车，空车 5.2 吨。标准载重 5 吨，在前轴为单轴单轮胎、后轴为单轴双轮胎的情况下。如经检测该车总重量为 15.9 吨，实际超载 15.9 —（5.2+5）=5.7（吨），但未超限，因为该车总质量应超过 16 吨才算超限。二是超限不超载，如一台两轴的红岩牌货车，空车重 10 吨，标准载重为 11.5 吨。经检测该车总质量为 21.5 吨，刚好不超载。但该车即使放宽掌握规定总值为 16 ~ 19 吨，则该车也超限为 21.5 — 19=2.5（吨），即超限 2.5 吨。三是既超载又超限，这是一种极为普遍的现象。

四、大件货运组织工作

依据公路大件货物运输的特殊性，其组织工作环节主要包括办理托运、理货、验道、制定运输方案、签订运输合同、线路运输工作组织，以及运输结算等项。

（一）办理托运

由大件物件托运人（单位）向已取得大型物件运输经营资格的运输业户或其代理人办理托运，托运人必须在（托）运单上如实填写大型物件的名称、规格、件数、件重、起运日期、收发货人详细地址及运输过程中的注意事项。凡未按上述要求办理托运或运单填写不明确，由此发生运输事故的，由托运人承担全部责任。

（二）理货

理货是大件运输企业对货物的几何形状、重量和重心位置事先进行了解，取得可靠数据和图纸资料的工作过程。通过理货工作分析，可为确定超限货物级别及运输形式、查验道路以及制定运输方案提供依据。

理货工作的主要内容包括：调查大件物件的几何形状和重量、调查大件物件的重心位置和质量分布情况、查明货物承载位置及装卸方式、查看特殊大件物件的有关技术经济资料，以及完成书面形式的理货报告。

（三）验道

验道工作的主要内容包括：查验运输沿线全部道路的路面、路基、纵向坡度、横向坡度及弯道超高处的横坡坡度、道路的竖曲线半径、通道宽度及弯半径，查验沿线桥梁涵洞、高空障碍，查看装卸货现场、倒载转运现场，了解沿线地理环境及气候情况。根据上述查验结果预测作业时间、编制运行路线图，完成验道报告。

（四）制定运输方案

在充分研究、分析理货报告及验道报告基础上，制定安全可靠、可行的运输方案。其主要内容包括：配备牵引车、挂车组及附件，配备动力机组及压载块，确定限定最高车速，制定运行技术措施，配备辅助车辆，制订货物装卸与捆扎加固方案，制定和验算运输技术方案，完成运输方案书面文件。

（五）签订运输合同

根据托运方填写的委托运输文件及承运方进行理货分析、验道、制定运输方案的结果，承托双方签订书面形式的运输合同，其主要内容包括，明确托运与承运甲乙方、大件物件数据及运输车辆数据、运输起讫地点、运距与运输时间，明确合同生效时间、承托双方应负责任、有关法律手续及运费结算方式、付款方式等。

（六）线路运输工作组织

线路运输工作组织包括：建立临时性的大件运输工作领导小组负责实施运输方案，执行运输合同和相应对外联系。领导小组下设行车、机务、安全、后勤生活、材料供应等工作小组及工作岗位并组织相关工作岗位责任制，组织大型物件运输工作所需牵引车驾驶员、挂车操作员、修理工、装卸工、工具材料员、技术人员及安全员等依照运输工作岗位责任及整体要求认真操作、协调工作，保证大件运输工作全面、准确完成。

（七）运输统计与结算

运输统计指完成公路大件物件运输工作各项技术经济指标统计，运输结算即完成运输工作后按运输合同有关规定结算运费及相关费用。

五、大件货物运输的注意事项

运输大件货物时，通常都要采取相应的技术措施和组织措施。鉴于大件货物的特点与装运车辆的性能和结构，货物的装载和加固技术等都有一定的特殊要求。为了保证车辆完好，保证车辆运行安全，必须满足下列基本技术条件。

（1）货物的装卸应尽可能选用适宜的装卸机械，装车时应使货物的全部支撑面着地、平稳地放置在车辆底板上，以免损坏大梁。

（2）载运货物的车辆，应尽可能选用大型平板车等专用车辆。除有特殊规定者外，装载货物的质量不得超过车辆的核定吨位，其装载的长度、高度、宽度不能超过规定的装载界限。

（3）支重面不大的笨重货物，为使其质量能均匀地分布在车辆底板上，必须将货物安置在纵横垫木上，或相当于垫木的设备上。

（4）货物的重心应尽量置于车底板纵、横中心线交叉点的垂直线上，如无可能时，则对其横向位移应严格限制；纵向位移在任何情况下必须保证负荷较重一端轮对或转向架的承载重量不超过车辆设计标准。

（5）重车重心高度应有一定限制，重车重心如偏高，除应认真进行装载加固外，还应采取配重措施以降低其重心高度。同时车辆应限速行驶。

有些大件货物的质量超过普通载货车辆允许的载重量，这些货物称为笨重货物。笨重货物质量无一定标准，根据其质量在车辆底板上的分布情况可分为下列2类。

1）均重货物指其质量能均匀地或接近均匀地分布于装载车辆底板上的货物。

2）集重货物指其质量集中于装载车辆底板上某一小部分上的货物。

由于集重货物的质量往往在所装车辆负重面最大容许载重量范围内，所以在确定集重货物的装载方案时，应避免使车底架受力过于集中，造成工作应力超过其设计的许用限度。

大件货物载于运输车辆（尤为平板车）上运输时，比普通货物更易受到各种外力的作用，例如纵向惯性力、横向力、垂直惯性力、风力以及货物支重面与车底板（或垫木）之间的摩擦力等，这些外力综合作用往往会使货物发生水平移动、滚动甚至倾覆。因此在运输大件货物时，除应考虑它们合理装载的技术条件外，还应视货物质量、形状、大小、重心高度、车辆和道路条件、运送速度等具体情况，采用相应的加固捆绑措施。纵托运长大货物时，除按一般货物办理托运手续外，发货人还应向承运人提交货物说明书，必要时应附有货物外形尺寸的三面视图（以"+"表示重心位置）和计划装载、加固等具体意见及要求。车站在受理托运时，应按发货人提出的有关资料对货物进行审核，指派专人观察现场道路和交通情况，研究装载和运送方案。在特殊情况下，发货人托运长大货物前，还须报请有关部门同意，在办理准运手续后方可由车站起运，并按指定的路线和时间中速（或低速）行驶。车站应调派坚固合适的车辆予以装运。在装运超限货物时，除应仔细加固捆扎外，还应在其最长、最宽、最高部位，设置安全标志，以引起来往车辆的注意。装运超限货物的车辆在运送途中必须修筑便道或改拆建筑物时，应事先由发货人负责解决。

笨重货物的承运手续与超限货物基本相同，如托运的笨重货物又属超限货物时，则此项运送办法必须按照超限货物的有关规定办理。

六、治理超限运输的对策思考

超限运输涉及车辆生产、运输市场、收费管理和群众利益等诸多问题，要根治这一"顽症"，必须全国联动，以"堵"为主，综合治理，标本兼治。

（一）大力加强法制宣传工作

地方各级政府及有关部门应该结合国家的"四五"普法规划，进一步扩大宣传对象，让广大群众尤其是驾驶员和运输企业、运输专业户都学法、懂法、守法，为路政部门创造一个良好的执法环境。同时采取切实有效措施，利用群众乐于接受的宣传方式，向大家宣传、介绍超限运输的危害性，赢得群众的理解和支持，并通过典型案例的剖析，进行生动、深刻的直观教育，不断提高人民群众的交通安全意识和法制观念。

（二）完善制度，强化管理

各地党委政府应统一思想、提高认识，加强对运输市场的宏观调控；立法机关要适应形势发展需要，及时制定一些规范性法律文件，建立健全法律制度；政府相关职能部门应合理调控运力，规范运输行为，促进运输市场运力和运量的供求平衡；推广集装箱化运输方式，规范公路货运车辆类型，特别是特殊产品运输车辆的类型；加大查处违规企业力度，加强汽车生产环节的控制管理，禁止生产违规超限车辆的类型；禁止非法改装车辆。加快清理整改货运机动车生产管理目录，制定相关责任追究制度，杜绝"大吨小标"和倒卖产品"合格证"现象；公安交警部门要加强车辆落户的源头管理，把好车辆落户关，凡是行驶证登记的技术参数与改装后的车辆技术参数明显不符的应不予落户；有关部门应对违规擅自改装车辆的单位和个体业主给予依法取缔，禁止违法改装车辆上路行驶。对违规改装车辆已办理证照的要进行一次全面清理，对不符合规定的改装车辆要注销其证照，并从严处罚；货运部门应严把货源关，禁止车辆超限超载；公路部门应对公路承载能力重新检查并做出明显标志。

（三）加强执法队伍建设

执法水平的高低取决于执法人员的素质高低，因此，要加强对执法队伍的教育、管理和培训，深入开展"四个教育"（宗旨教育、法律政策教育、职业道德教育和勤政廉政教育），不断提高执法人员的"三个素质"（政治素质、业务素质和法律素质）；牢固树立"两个意识"（群众意识和服务意识），增强依法行政，依法办案的观念，努力建立一支政治坚定，业务精通，作风优良，执法公正的执法队伍。严把选人关、制度关和培训关，树立正确的人生观、价值观和世界观，强化爱岗敬业精神，变管理为服务，牢记全心全意为人民服务的宗旨，增强"维护路权，保护路产"意识。要通过内强素质，外塑形象，建设一支一流的路政执法队伍，以一流的作风纪律，良好的执法形象，服务于社会，服务于群众，以适应市场经济的发展需要。

（四）联手行动，综合治理

从 2003 年开始，北京及华北五省市联合行动，构成 4 道防线，严堵超限超载车辆，加强高速公路与普通公路的整治衔接，使违章超载超限车辆无路可逃。这是一个良好的开端，各级党委和政府要负责牵头，召集公安、交通、煤矿、工商、新闻部门组成综合执法大队、统一配合、联合行动、齐抓共管，形成合力，开展一场全国范围内的反超限超载的专项治理斗争，严厉打击违章超载超限行为。各地公安、交警、交通、路政执法部门要经常组织、安排人员上路巡查，指定地点设立检测关卡，实行计重收费，基本原则是"空车降低收费，标准装载标准收费，超限超载合理收费，严重超载卸载放行，并严管重罚"。具体做法是：将交通部颁发的货车分类标准按"车辆自重＋准载质量＋20％允许装载误差＝认可总质量"折算为计重收费的分类标准，货车按通行时实际总质量分类后按照该类收费标准及行车里程收取通行费。对严重超载超限车辆坚决卸载，杜绝罚款收费后放行的做法，这是制止超限的有限措施。同时应追究相关单位的连带责任，拉运工矿货物的车辆一经超载，不但要处罚驾驶员和车主，而且要处罚该企业。各部门要协调一致，加强省际联系避免重复执法、重复处罚。要严格规范执法行为，做到行政执法主体合法、认定违章事实确凿、执法依据和执法程序正确、执法文书齐全、归档及时，确保超限运输的查处质量。

（五）加强超限流动检测治理工作

众所周知，自2004年5月20日以后，国家交通部、公安部等七部委决定从2004年6月20日起，在全国开展车辆超限超载集中治理，并联合颁布了《实施方案》，规定从2004年6月至年底为第一阶段，这一阶段的基本原则是全面宣传，对超限运输车辆"不收费、不罚款，一次超限教育放行，二次超限登记并卸载"。但由于设点太少，相当一部分超限车辆绕行县、乡公路，造成县、乡公路的大面积溃烂，严重妨碍了国民经济的可持续发展，为此要把住源头，加强路面执法。

根据公路管理法律法规的规定，超限运输管理应由市（地、州）统一组织实施。为此，各县（市、区）的路政大队即使实施都应以市（地、州）交通主管部门的名义，并且认真做好执法主体、执法依据、执法程序、认定标准、执法监督等方面的公示，以确保执法公开、公平、公正，确保执法行为规范和执法文书规范。

第三节　鲜活易腐、贵重货物运输工作组织

一、鲜活易腐货物运输的特点

鲜活易腐货物是指在运输过程中，需要采取一定措施，以防止死亡和腐烂变质的货物。公路运输的鲜活易腐货物主要有：鲜鱼虾、鲜肉、瓜果、蔬菜、牲畜、观赏野生动物、花木秧苗、蜜蜂等。鲜活易腐货物运输的特点如下。

（1）季节性强、运量变化大如水果蔬菜大量上市的季节、沿海渔场的鱼汛期等，运量会随着季节的变化而变化。

（2）运送时间要求紧迫大部分鲜活易腐货物，极易变质，要求以最短的时间、最快的速度及时运到。

（3）运输途中需要特殊照料如牲畜、家禽、蜜蜂、花木秧苗等的运输，需配备专用

车辆和设备，沿途专门照料。

二、鲜活易腐货物保藏及运输的方法

在运输过程中，鲜活易腐货物的保藏主要采用冷藏的方法。冷藏不仅能保持货物原有的品质及鲜度，包括色、香、味、营养物质和维生素等，而且保存的时间长，能进行大量的保藏及运输。

冷藏货大致分为冷冻货和低温货两种。冷冻货是指货物在冻结状态下进行运输的货物，运输温度的范围一般在 - 10 ~ - 20℃，低温货是指货物在还未冻结或货物表面有一层薄薄的冻结层的状态下进行运输的货物，一般允许的温度调整范围在 + 16 ~ - 5℃。

用冷藏方法来保藏和运输鲜活易腐货物时，温度固然是主要的条件，但湿度的高低、通风的强弱和卫生条件的好坏对货物的质量也会产生直接影响。只有妥善处理好它们相互之间的关系，才能保证鲜活易腐货物的运输质量。

用冷藏方法来保藏和运输鲜活易腐货物，一个突出的特点就是必须连续冷藏。因为微生物活动和呼吸作用都随着温度的升高而加强，若储运中某个环节不能保证连续冷藏的条件，那么货物就可能在这个环节中开始腐烂变质，这就要求协调组织好物流的各个环节，为冷藏运输提供必要的物质条件。就运输环节来讲，应尽可能配备一定数量的冷藏车或保温车，尽量组织"门到门"的直达运输，提高运输速度，确保鲜活易腐货物的完好。

三、鲜活易腐货物的运输组织工作

良好的运输组织工作，对保证鲜活易腐货物的质量十分重要。鲜活易腐运输的特殊性，要求保证及时运输。应充分发挥公路运输快速、直达的，协调好仓储、配载、运送各环节，及时送达。

配载运送时，应对货物的质量、包装和温度要求进行认真的检查，包装要求，温度要符合规定。应根据货物的种类、运送季节、运送距离和地方确定相应的运输服务方法，及时地组织适宜车辆予以装运。

鲜活易腐货物装车前，必须认真检查车辆及设备的完好状态，应注意清理消毒。装车时应根据不同货物的特点，确定其装载方法。如为保持冷冻的冷藏温度，可紧密堆码，水果、蔬菜等需要通风散热的货物，必须在之间保留一定的空隙，怕压的货物必须在车内加隔板，分层装载。

四、国内鲜活易腐货物道路运输现状

目前我国的肉类食品厂有 2500 多家，年产肉类 6000 万吨，产量以每年 5% 左右的速度递增；速冻食品厂 2000 多个家，年产量超过 850 万吨；冷饮业 4 000 多家（其中具有一定规模的有 194 家），年产量约 150 万吨，产量以每年 7% 左右的速度递增；乳品业 1 500 多家，年产量 800 万吨，乳品业以每年 30% 的速度增长；水产品年产量 4 400 万吨，并以 4% 速度增长。

近年来，随着我国经济的发展，人们生活水平不断提高，生活节奏不断加快，人们花在厨房里的时间越来越少，对冷冻冷藏食品的认知度越来越高，迅速拉动了冷冻冷藏食品的消费，冷藏冷冻食品每年增产约 10%，其中市场份额最大、发展最迅速的是预制食品，2002 年预制食品销售额占冷冻食品销售总额 42.44%，冷冻肉制品和鱼类的销售额也强劲增长，在我国收入较高的发达城市，冷却肉已占到人均年消费肉量的 10% ~ 15%。冷藏蔬菜的发展也很快，尽管目前冷藏蔬菜的消费总量仍较小，但是随着保鲜技术水平和产品质量的提高，会有越来越多的消费者接受这种产品。

上述食品均属于鲜活或易腐食品，大都需要冷藏物流，随着产销量的快速增长，我国的冷藏物流业将进入快速增长时期。

（一）现代化的冷藏卡车严重不足

2000 年我国冷藏保温汽车拥有量约 4 万辆，而同期美国和日本分别拥有冷藏保温汽车 20 万辆和 12 万辆，我国冷藏保温汽车占货运汽车比例仅为 0.3%，而发达国家中，美国为 1%，英国为 2.6%，德国达到 3%。

目前，我国易腐物品装车大多在露天而非在冷库和保温场所操作，80% ~ 90% 的水果、蔬菜、禽肉、水产品大多是用普通卡车运输，至多上面盖一块帆布或者塑料布。冷藏运输率（即易腐货物采用冷藏运输所占的比例）为 10% ~ 20%，而欧、美、日等发达国家均达到 80% ~ 90%。由于运输过程中损耗高，整个物流费用占到易腐物品成本的 70%，而按照国际标准，易腐物品物流成本最高不超过其总成本的 50%。据统计，我国每年的冷藏物流损失超过 750 亿元人民币。

冷藏物流技术有待提高。我国的冷藏保温技术有待发展，有效的温度控制设施投入有限，训练有素的冷藏物流供应链管理和操作人员严重缺乏，先进的全程冷藏控温运行管理制度亟待建立，导致各个环节信息阻塞，鲜活、易腐物品在运输途中发生无谓耽搁，风险增多。

（二）第三方物流发展缓慢

虽然冷藏物流具有很大的发展潜力，但是由于专业人员缺乏和基础设施严重滞后，我国的冷藏物流业尚处于初级阶段，市场规模还不大，区域性特征比较强，缺乏有影响力的、全国性的第三方冷藏物流行业领袖。

现在绝大多数的冷藏物流供应商只能提供冷藏运输服务，并非完全意义上的冷藏物流服务。与普通物流相比较，冷藏物流体系除了服务价格和分销渠道控制因素外，生产商更多的要从控制产品质量角度考虑。当前，很少有供应商能保证对整个供应链环节的温度控制，使得多数生产厂家不愿也无法放心地将冷藏物流业务外包，只能是自行经营，即使外包，也是区域性部分配送和短途冷藏运送。这在一定程度上也阻碍了第三方冷藏物流的发展。

（三）公路冷藏运输潜力巨大

从冷藏运输结构分析，目前公路冷藏运输运量不到25%，铁路冷藏运输运量占55%左右，而欧美国家公路冷藏运输的运量占60%～80%，公路冷藏运输在食品运输总量中更是占到90%以上。我国已将建设高速公路和高等级公路作为"十五"期间的交通发展战略，这将使得易腐货物公路冷藏运输所占比例快速提高。根据有关预测，2005年公路冷藏运输率将发展到30%，运量将增长到1800万吨，平均递增率将超过7%。由此可见中国公路冷藏运输行业潜力巨大。

（四）第三方物流将成为首选

运输鲜活易腐货物不同于普通货物，想要有效运作冷藏物流，达到保存货物至最佳状态的目的，必须要建立一套完整的冷冻物流链，严格点到点的温度控制包装，货物由一个地方移到另一个地方不应暴露在空气中，亦不应承受温度转变环境。同时，货物放置在一个地方也要严格控制温度。这些都需有构造精良的冷藏运输装备和专业的运输管理机制，才能有效完成货物的保鲜质量和运输的经济效益。

一般而言，乳制品对温度的控制要求很高，厂商出于产品质量控制的考虑，更愿意自营冷藏物流业务；冷饮、速冻食品厂商大部分希望部分和全部外包物流业务；肉制品厂商为了适应高速发展的行业要求，更愿意全部外包其冷藏物流业务。

越来越专业的第三方物流将逐步承担起冷藏物流的重任。作为非核心业务，如果生产商自营冷藏物流，高投入的基础设施和设备、网络及庞大的人力成本只服务于自身项目，并不是生产商的明智选择，越来越多的生产商愿意选择能提供完整冷藏链的第三方物流来外包自身冷藏物流业务—现实却很难满足—市场需求必将催生第三方冷藏物流企业的快速发展。

五、贵重货物运输

贵重货物是指价格昂贵、运输责任重大的货物。因此，装车时应进行严格清查，查包装是否完整，货物的品名、重量、件数和货单是否相符；装卸时怕震的贵重货物要轻拿轻放，不要挤压。贵重物品应当用坚固、严密的包装箱包装，外加"撑"字形铁箍，接缝处必须有封志。贵重物品需派责任心强的驾驶员运送，要有托运方委派专门押运人员跟车。交付贵重货物要做到交接手续齐全，责任明确。

结束语

加快交通运输业向现代物流的拓展，必须做好多方面的准备。

第一是要具备一定的硬件设施，大力加强交通运输网络建设，完善配套设施。现有的交通运输基础设施按照现代物流体系的要求，不仅要进一步扩大其经营网络和覆盖范围，而且要搞好交通运输内外部协调，建立多种运输方式全方位有机结合的综合运输服务体系，从多式联运的门到门运输，逐步发展架到架、线到线、桌到桌的综合物流服务。此外，还必须根据现代物流发展的需要，大力发展高科技物流专用技术设备，例如国际集装箱专用码头、大型集装箱及冷藏专用船舶，高效率的装卸搬运机械，适于快速运输的集装箱、散装、冷藏、危险品等各类专用运输车辆，大型高层自动化仓库，等等。

第二是要增强物流意识。交通运输行业应尽快转变观念，借鉴国际现代物流发展经济，在国家现代物流发展总体规划指导下，统筹研究制定交通运输向现代物流拓展转化的总体目标规划及其分阶段的实施步骤，防止一哄而起、盲目发展重复建设，将此项工作纳入科学有序的轨道。并且交通运输业向现代物流拓展，必须树立以客户为中心的观念，与客户结成战略伙伴关系，将满足客户多样化的需求作为企业发展的宗旨。

第三是加速现代化运输企业人才的培养。现代化物流的发展需要有现代化的运输，因而也必然要求造就一支既熟悉运输业务，又熟悉物流管理的高素质的队伍。

只有这样，各方面协调，共同努力，才能使交通运输与现代物流一体化，使道路建设更好地为现代物流服务，有效避免在物流运输过程中一系列问题的发生，减少物流运输单位不必要的损失，才可以提高物流运输的工作效率，增加物流运输单位的经济收益，为人们的生活和企业的发展提供更好的保障，推动我国经济基础的建设，促进社会的和谐发展。

参考文献

[1] 胡刚.企业文化对提高交通运输业管理服务能力作用的研究 [D].天津大学，2010.

[2] 孙永春.我国应急物流体系的构建与优化研究 [D].兰州交通大学，2013.

[3] 李瑞君.区域物流与区域经济的联动发展 [D].北京交通大学，2014.

[4] 孟庆武基于 ARCSDE 的 GIS 空间数据管理系统设计与实现 [D].吉林大学，2011.

[5] 董军波交通信息平台空间数据管理系统研究与设计 [D].南京理工大学，2009.

[6] 王宗喜，徐东.军事物流学 [M].北京：清华大学出版社，2007.

[7] 陈兆仁.论军交运输与军事物流的统筹发展 [J].军事交通学院学报，2010，12（1）：1-4.

[8] 张毅，狄龙.军地物流一体化构建探讨 [J].物流技术，2015，34（9）：266-269.

[9] 陈兆仁，霍睿，彭富兵.现代军事物流中的运输与配送 [J].军事交通学院学报，2011，13（8）：60-64.

[10] 田润良，张颖，尹福文，陈泽鸿.集装箱运输在我军军事物流中的作用 [J].物流技术，2016，35（7）：163-165.

[11] 顾明远.教育大词典（上）[M].上海：上海教育出版社，1998.

[12] 王策三.教学论稿（第二版）[M].北京：人民教育出版社，2005.

[13] 张喜军.基于 WEB 的铁路物流动态信息管理系统 [D].吉林大学，2014.

[14] 王长群.铁路多经物流基地管理信息系统的研究与规划 [D].西南交通大学，2011.

[15] 张玉福.那曲物流中心信息系统集成研究 [D].西南交通大学，2011.

[16] 张诚.基于物流需求的中国铁路发展现代物流战略模式研究 [D].中南林业科技大学，2006.

[17] 齐新宇.基于综合物流服务链的铁路货物运输物流化相关问题研究 [D].西南交通大学，2014.

[18] 唐渊，李卫红.物流企业资本运营与管理 [M].北京：中国物资出版社，2006.

[19] 张汉林，施本植.服务业及中小企业规制改革 [M].上海：上海财经大学出版社，2005.

[20] 闫宇婷.基于 FCM 改进算法的快递配送区域划分问题研究 [D].大连海事大学，2012.

[21] 王勇.物流配送区域划分模型及优化计算研究 [D].重庆交通大学，2009.

[22] 王涵.物流企业配送网络区域划分研究 [D].西南交通大学，2012.

[23] 黄艺林，杨超，陈一格，等.中国高速铁路开发快递物流业务的思考 [J].湖北经济学院学报，2013，10（2）：46-48.

[24] 杜鹏.铁路货物运输组织模式改革相关问题研究 [D].西南交通大学，2008.

[25] 汪志东.中国物流产业发展的影响因素及其与经济增长关系实证分析 [D].合肥：中国科学技术大学，2014.

[26] 叶怀珍，杨泽轶.交通运输与现代物流 [J].交通运输系统工程与信息，2001，1（1）：56-58.

[27] 曾倩琳，孙秋碧.信息业对物流业发展溢出效应的实证分析 [J].华东经济管理，2015，29（9）：102-106.

[28] 朱健梅.竞争性运输通道选择的博弈模型研究 [J].西南交通大学学报，2003，38（3）：336-340.

[29] 毛敏.交通运输走廊自组织演化机理 [J].西南交通大学学报，2007，42（5）：631-635.

[30] 熊巧.基于 Monte Carlo 随机模拟的综合交通网络布局评价与决策方法 [J].计算机应用研究，2014，31（10）：2943-2 946.

[31] 刘洁.亚欧大陆桥物流通道发展理论和实证研究 [D].北京交通大学，2012.

[32] 辛曼玉."一带一路"战略下国际物流大通道建设研究 [J].物流技术，2015，34（16）：90-92.

[33] 吴鸣，陈莹莹.城市基础设施项目融资模式的探讨 [J].工业技术经济，2010，29（2）：48-51.

[34] 武中凯.关于铁路运输物流运作模式的研究 [J].铁道运输与经济，2014，36（7）：115-116.

[35] 高丽娜.铁路物流信息化建设探究 [J].交通企业管理，2015，30（3）：761-762.